24.—
KG 3

wir Kirchenträumer

W

wir Kirchenträumer

Basisgemeinschaften im deutschsprachigen Raum

Herausgegeben von
Walter Ludin
Thomas Seiterich
Paul Michael Zulehner

Walter-Verlag
Olten und Freiburg im Breisgau

Gesamtherstellung in den grafischen Betrieben
des Walter-Verlags
Printed in Switzerland

ISBN 3-530-44596-7

Inhalt

Reflexionen

Ausblicke

Vorwort

Ob in der Bundesrepublik Deutschland, in Österreich, der Schweiz oder in anderen westeuropäischen Ländern: überall wächst die Zahl der Christen, die unter der Anonymität ihrer Kirche leiden. Sie sind darüber enttäuscht, daß sie in ihr so wenig Heimat finden. Groß ist ihre Sehnsucht nach einer «geschwisterlichen Kirche», in der die Menschen einander kennen und füreinander da sind. Es ist die Sehnsucht nach einer Gemeinschaft, in der Befreiung erfahrbar ist von allem, was Leben hemmt.
Eine neue Antwort auf die Suche nach einer menschenfreundlichen Kirche sind die Basisgruppen, -gemeinschaften und -gemeinden. Sie stoßen allerdings in manchen christlichen Kreisen auf Skepsis und Ablehnung. Man sieht in ihnen einen Versuch, Bewährtes von «unten» her in Frage zu stellen oder umzustürzen. Bei näherem Zusehen jedoch zeigt es sich, daß die allermeisten Basisgruppen – gerade auch jene im deutschsprachigen Raum – nicht in Opposition zum Amt in der Kirche stehen. Sie wollen Teil der Volkskirche sein, auch wenn sie in ihr manches zu verändern versuchen.
Einem anderen Mißverständnis sind die basiskirchlichen Gemeinschaften ausgesetzt. Viele vermuten hinter dem Begriff «Basisgruppen» etwas Spektakuläres, Außergewöhnliches. Nun ist es aber eines ihrer Kennzeichen, daß sie im alltäglichen Leben verwurzelt sind. Ihre Mitglieder fühlen sich nicht als etwas Besseres, Elitäres. «Wir sind durchschnittliche Leute», meinte eine Frau, die in einer der hier vorgestellten Basisgruppen mitmacht.
So unspektakulär diese Gemeinschaften in Wirklichkeit auch sind, so geschieht in ihnen doch Zukunftsweisendes: der Übergang von einer anonymen Großkirche zu einem Netz von Gemeinschaften, die in vielem den urchristlichen

Gemeinden gleichen; der Wechsel von einer versorgten zu einer mitsorgenden und mitverantwortlichen Kirche in all ihren Gliedern. Auch wenn ihre Zahl im Augenblick noch klein ist, gleichen sie einem Senfkorn, das eines Tages zu einem unübersehbaren Baum herangewachsen sein wird.
Dieses Buch möchte Christen, die sich mit dem jetzigen Zustand ihrer Kirche nicht abfinden wollen, Mut machen, Schritte zu tun auf die Verwirklichung der Vision hin: «Die Kirche der Zukunft wird leben in lebendigen Gemeinden» (Kardinal Franz König).
Während meinen Recherchen zu einer Artikelserie über Basisgruppen sagte mir eines ihrer Mitglieder: «Ermutigen Sie in Ihren Artikeln die Leser, Gruppen zu bilden. Sie sollen nicht warten, bis die Bedingungen dazu ideal sind. Denn sie werden es ohnehin nie sein. Es genügt, wenn zwei oder drei anfangen, etwas gemeinsam zu tun.»
Das vorliegende Buch hat es sich zum Ziel gesetzt, bei der Bildung solcher Gruppen behilflich zu sein, indem es das Phänomen der Basiskirche möglichst konkret und anschaulich schildert. Darum wird nach einer grundlegenden Einführung und einem Gesamtüberblick in *«Außenansichten»* eine exemplarische Auswahl von Basisgruppen beschrieben. Die folgenden *«Innenansichten»* lassen die Gruppen selbst in persönlichen Zeugnissen, Texten aus Gottesdiensten und Selbstdarstellungen zu Wort kommen. Im vierten Teil, den *«Reflexionen»*, suchen Fachleute nach den Wurzeln der Basisbewegung und stellen diese in einen größeren Zusammenhang. In den *«Ausblicken»* wird das wachsende Umfeld der Basisgemeinden in der Bundesrepublik dargestellt und über den zukunftsweisenden Stellenwert der Basisgemeinden in Brasilien berichtet.
Wie schon dieses Vorwort zeigt, werden die Begriffe «Basisgruppe», «-gemeinschaft», «-gemeinde» gebraucht, meistens ohne sie klar voneinander abzugrenzen. Denn eine genaue Begriffsbestimmung hat sich im deutschen Sprach-

raum noch nicht durchgesetzt. Der Titel des Buches lehnt sich an die Veröffentlichung von Norbert Lohfink SJ, «Kirchenträume. Reden gegen den Trend» an. Schon die Berner Basisgruppen haben sich im Anschluß an einen Vortrag Lohfinks «Kirchenträumer» genannt.
Es bleibt mir noch, den zahlreichen Mitchristen zu danken, die uns bereitwillig über ihre Erfahrungen in Basisgruppen Auskunft gegeben oder schriftliche Unterlagen zur Verfügung gestellt haben. Sie bewiesen dadurch, daß es ihnen nicht darum geht, in einem selbstgewählten Ghetto sich von den anderen Christen abzuschirmen. Mein besonderer Dank gilt Angelika Boesch, Buchhändlerin in Bern, die wertvolle Vorarbeiten für das Buch geleistet und sein Entstehen tatkräftig begleitet hat.

Walter Ludin

Kirche ereignet sich in Gemeinden

Paul Michael Zulehner

Daß die Kirche zur Zeit in einer pastoralen Orientierungskrise steckt, braucht nicht ausführlich belegt zu werden. Die Indikatoren sind allzu bekannt: Langjährige Mitglieder verlassen, oft im besten Lebensalter, die Kirche, andere lassen ihre Kinder nicht mehr taufen, melden diese vom Religionsunterricht ab, nehmen weder am Leben noch am Glauben einer Kirchengemeinde teil.
Offenbar geht die Zeit soziokultureller Christlichkeit zu Ende und damit die Gestalt der gesellschaftlich gestützten Großkirche. Abschied von einer pastoralen Epoche heißt aber nicht nur Ende, sondern auch Neubeginn. Inmitten der Krise lassen sich längst schon die Anzeichen einer neuen Sozialgestalt der Kirche erkennen. Typisch für unser Jahrhundert sind ja nicht zuletzt die großen innerkirchlichen Aufbruchbewegungen, wie die Bibel-, die Jugend- und die liturgische Bewegung. Typisch ist auch die Wiederentdekkung der Kirchengemeinde innerhalb der katholischen Kirche. Abschied und Neuanfang, Niedergang und Aufstieg liegen somit eng beisammen. Für den Pastoraltheologen ist dies ein Anhaltspunkt für seine unerschütterliche Annahme, daß eben Herr der Kirchengeschichte letztlich nicht wir mit unserem Geschick und unserer pastoralen Findigkeit sind, sondern Gott selbst mit seiner Absicht, für jede Zeit die angemessene Form der Kirche zu schaffen.

1. *Volk* Gottes

Ein Markstein auf diesem Übergangsweg der Kirche war sicherlich das II. Vatikanische Konzil. Dieses hatte sich – als

Pastoralkonzil konzipiert – den Herausforderungen der damaligen Zeit zu stellen gewagt. Dabei wurde als Leitbild die in den vorkonziliaren Aufbruchbewegungen schon zentrale Idee des Volkes Gottes gewählt. Auch die nachfolgenden «Anwendungssynoden» sind von diesem Bild geleitet worden. An das Leitbild vom Volk wurde vor allem der Begriff der «actuosa participatio» (aktiven Teilnahme) eines jeden Kirchenmitglieds geknüpft. Es wurden für diese Partizipation auch eigene Strukturen geschaffen, Gremien und Räte. Auf dem Weg zur Umformung einer Kirche, die aus einem geschlossenen Klerus und vielen einzelnen Heilssuchern bestand, in Richtung auf ein – wie man damals noch sagte – «brüderliches Volk» wurden zahlreiche und ansehnliche Erfolge verbucht. Das Konzil schuf in Verbund mit den nachfolgenden Synoden damit auch jenes Klima, welches der raschen Ausbreitung der im katholischen Raum erst zögernd einsetzenden Begeisterung für die Gemeinde-Idee förderlich war. Von der Gemeinde zu reden, galt jetzt den Katholiken nicht mehr schlechthin als protestantisch, sondern wurde zunehmend als biblische Herausforderung an die gegenwärtige Kirche erkannt. Pastorale Gründe kamen hinzu, zeigten doch vielfältige religions- und pastoralsoziologische Studien, daß in säkularistischen Verhältnissen die Wahrscheinlichkeit, konsistent und entschlossen Christ sein zu können, von der Kommunikation mit anderen (sozial abweichenden) Christen abhing: also von der Gemeindlichkeit des Glaubens.

Heute, zwanzig Jahre nach diesem epochalen Konzil, wird die Idee des Volkes Gottes und die daran geknüpften pastoralen Entwicklungen aus mehreren Gründen kritisch betrachtet. Die einen meinen, daß die Leitidee des Volkes die Kirche in einer unkatholischen Weise demokratisiert habe, daß die Mitsprache der Laien zu weit gegangen sei. Sie versuchen – mit kirchenrechtlicher Unterstützung des neuen Kodex – solche «Fehlentwicklungen» wieder gutzumachen:

Laien mit hauptamtlichem Auftrag zur Seelsorge dürften sich dann nicht mehr Seelsorgerinnen und Seelsorger nennen; die Predigt sei den geweihten Priestern vorzubehalten, auch wenn es davon zu wenige gibt und die gut gebildeten jungen Pastoralassistentinnen und -assistenten über Jahre weitaus mehr Begabung und Fähigkeiten (also theologisch gesprochen Charisma) bei der amtlichen Verkündigung des Wortes gezeigt haben als manche nachlässigen Priester.

Eine zweite Kritikrichtung beobachtete, daß mit Hilfe der Gemeinde-Idee zwar Christen miteinander in Beziehung traten. Was dabei aber herauskam, waren nicht gesellschaftlich wirkmächtige Kirchengemeinden, sondern eher Gruppen und Grüppchen mit deutlichen «in-group-Tendenzen». Karl Rahner sprach von Öfen, die sich selbst wärmen. Das Bild von der Kuschelgruppe und von den Alleluja-Schlümpfen kam in Umlauf. Gemeinde wurde vielfach zum Ort der Abkapselung, der gesellschaftlichen Eingrenzung, damit des Verlustes gesellschaftlicher Wirksamkeit. Verloren ging die missionarische Kraft dieser Gemeinden. Sie waren nunmehr nicht Licht und Salz, sondern nur noch Suppe. Innerhalb dieser Kuschelgemeinden konnte man eine emsige Beschäftigungseuphorie beobachten. Nicht wenige Christen haben sich dabei derart aufgerieben, daß sie – heißgelaufen – sich über Nacht absetzten. An die Stelle dieses übertriebenen Aktionismus trat dann die Sehnsucht nach Stille, nach Meditation, nach dem vom Pfarrer wieder allein gestalteten Gottesdienst. Die Sehnsucht nach der alten Versorgungskirche meldete sich und gab denen gute Argumente, die den Weg von der versorgten Gemeinde zu jener, in der jedes Gemeindemitglied in unvertretbarer Eigenverantwortung seinen Beitrag zum Leben und Wirken der Gemeinde leistete, aus theologisch-klerizistischen Gründen nicht mitgehen wollten.

Wir sehen den wahren Grund für solche unerwünschten Auswirkungen der Leitidee vom Volk Gottes nun darin, daß vielfach nur aus dem ersten Teil dieses Bildes Folgerungen abgeleitet wurden. Man wollte Volk werden, vergaß aber dabei, daß es ja darum ging, Volk *Gottes* zu werden. Wir ziehen skizzen- und thesenhaft nach, was es für Gestalt und Praxis der Kirche heißt, wenn sie bestrebt ist, in erster Linie *Gottes* Volk zu werden.

2. *Gottes* Volk

In einer 1986 in Deutschland (unter Fachassistenz des Autors) durchgeführten Allensbacher Umfrage sagten nur 36 Prozent der Befragten, «Gott ist in der Kirche lebendig». Unter den befragten Katholiken waren es 43 Prozent. Damit signalisieren die Leute, vor allem die Kirchenfernen (unter ihnen waren gar nur 23 Prozent, die Gott in der Kirche für lebendig halten), daß die Kirche zwar viel von Gott redet, aber weder ihre Gestalt noch ihre Praxis von diesem Gott nachhaltig bestimmt werden. Dabei wünschen die Befragten durchaus eine Kirche, die viele Eigenschaften (sogar in noch verstärkter Weise) mit Gott teilt. So wird von Gott angenommen, daß er gütig ist, verzeiht, Menschen zusammenführt, auf der Seite der Armen steht, gerecht ist. Der Leutegott (der Gott, wie ihn die Leute sich vorstellen) gilt somit als einer, der Solidarität unter den Menschen schafft und selbst mit den Unterdrückten solidarisch ist. Aber eben in diesen Eigenschaften, welche Gott und die erwünschte Kirche gemeinsam haben, bleibt die Kirche weit hinter den Erwartungen der Leute zurück. Zwar wird ihr bescheinigt, sie tue viel in ihrer Verkündigung dafür, daß die Menschen glauben können – sie tue hier sogar mehr, als man von ihr erwartet. Es wird ihr auch durchaus nachgesagt, sie sei Gott nahe. Offenbar zieht aber, nach Meinung der Befragten, die Kirche aus dieser Gottesnähe keine Folgerungen für ihre Praxis. Und deshalb kommen sie verständlicherweise zum

Schluß, Gott sei gar nicht die bestimmende Lebensmitte der Kirche, er sei in ihr nicht lebendig.
Nun kann man natürlich behaupten, die Leute kennen eben die Kirche nicht mehr von innen. Denn die Insider, die Kirchgänger, würden ja ein ganz anderes Urteil abgeben: von diesen hielten nämlich 79 Prozent Gott in der Kirche für lebendig. Die Distanzierten würden ja nur deshalb ein so verheerendes Urteil über die Kirche abgeben, um ihre eigene Distanz mit diesem schlechten Urteil zu beschönigen und zu rechtfertigen. Aber selbst wenn dem so wäre: Es ist schon fatal genug, daß der Kirche überhaupt nachgesagt werden kann, Gott sei in ihr nicht lebendig.

Gottesgerücht

Denn was von der Kirche ausgehen müßte, ist genau das Gegenteil, nämlich das Gerücht, daß Gott mit diesem Volk lebendig unterwegs ist. Die Kirche müßte nicht nur das Gottes*wort* verkünden, sondern zunächst selber ein Gottes-*ort* sein. Dies müßte sie vor allem dann sein, wenn sie selber bereit wäre, ihren Gott an sich handeln zu lassen, sich also so gestalten und zu einer solchen Praxis von Gott ermächtigen zu lassen, wie Gott diese für sie vorgesehen hat. Herzstück dieser Kirche wäre aber dann eben, daß Gott Lebensmitte dieser Kirche ist: durch den Geist des auferstandenen Herrn Jesus Christus. In diese Richtung weist etwa die durchaus die Kirche betreffende Verheißung aus dem Propheten Sacharja. In einer hoffnungsarmen Zeit vermeldete dieser Prophet um 520 v. Chr. im Auftrag Gottes dieses Hoffnungswort: «So spricht der Herr der Heere: In jenen Tagen werden zehn Männer aus Völkern aller Sprachen *einen* Mann aus Juda am Gewand fassen, ihn festhalten und sagen: Wir wollen mit euch gehen; denn wir haben gehört, *Gott ist mit euch!*» (Sach 8,23). Das Kernkriterium des von

Gott erwählten und gesammelten Volkes ist somit, daß von ihm das Gerücht in die Lande geht, daß Gott mit ihm ist. Kirche ist somit Ursprung des Gottesgerüchts (vgl. Lk 4,14). Grundlage dieses Gottesgerüchts sind aber nicht *Reden über* (den womöglich abwesenden, nicht aufgenommenen: Joh 1,17) Gott. Denn solches Reden (allein) trägt heute nicht. Die Menschen mißtrauen ihm. Die Vermehrung der Gottesrede – einer hat einmal formuliert: des Gottesgeschwätzes – macht dem Gottesgerücht keine Beine, bringt es nicht zum Laufen. Vielmehr hat unsere Kirche zunächst die alte Frage aus der Zeit des Auszugs des alttestamentlichen Gottesvolkes aus Ägypten neuerlich zu stellen: «Ist der Herr in unserer Mitte oder nicht?» (Ex 17,7), und daraus Konsequenzen zu ziehen. Die zentrale Frage unserer Pastoral lautet daher: Wie kann von der Kirche wieder glaubhaft das Gerücht ausgehen, daß Gott mit uns ist, daß Gott in unserer Kirche lebendig ist?

Geschwisterlichkeit

Wer diese Frage beantworten will, sucht zunächst zu erkunden, wie denn dieser Gott ist, der mit uns unterwegs sein will. Die biblischen Texte zeigen uns, daß es ein Gott ist, der Menschen in einer tiefen, neuartigen Weise zusammenfügt, und daß er einer ist, der sich gegen Unrecht stark macht. Wenn also Gott wirklich die Lebensmitte der Kirche ist, wenn die Kirche gottverwurzelt und in diesem Sinn mystisch ist (wir verwenden hier den älteren, paulinischen Begriff von Mystik), dann widerfährt ihr, daß sie durch die Anwesenheit, durch die Aufnahme dieses Gottes zu einer geschwisterlichen Kirche wird. Wir können geradezu plakativ formulieren: *Je mystischer eine Kirche ist, desto geschwisterlicher wird sie sein.* Die Formel gilt auch in ihrer bedrohlichen Umkehrung: Eine notorisch ungeschwisterliche Kir-

che erweist sich tendentiell als gottabweisend, als gott-los, als a-theistisch (J. Fischer).
Daß wir heute den Begriff der Geschwisterlichkeit jenem der Brüderlichkeit vorziehen, hat seinen Grund im wachsenden Selbstbewußtsein der vielen Frauen in unseren Kirchengemeinden. Da hilft es auch nichts mehr zu sagen, daß das biblische Wort «Bruder» alle Volksgenossen meinte, einschließlich der Frauen. «Nennt uns nicht Brüder», ist heute eine berechtigte Forderung unserer Schwestern in der Kirche. Wer's nicht akzeptieren kann, soll die Gegenprobe machen: Wäre er – als Bruder – bereit, sich andauernd Schwester nennen zu lassen, mit dem Nachsatz, er sei ja ohnehin *mit*gemeint? So setzen wir, aus Gründen der Sprachgenauigkeit, das Wort Geschwisterlichkeit, wohl wissend, daß sich dieses Wort von der Schwester herleitet und somit insgeheim nun die Schwestern bevorzugt. Aber nach so langen Jahrhunderten der Privilegierung der Männer ist das ein durchaus gerechter Ausgleich.
Wichtiger als das Wort ist aber die Kultur der Geschwisterlichkeit. Die Bibel sagt, daß sie nicht einfachhin «machbar» sei, sie ist Gabe Gottes. Voraussetzung ist, daß jemand Gott aufnimmt, was ihn mit anderen ebenfalls gottverwurzelten Menschen «gottverwandt» werden läßt. Er/sie ist dann eingegliedert in das neue Volk Gottes. Dieses Volk wird somit ein Fest vor Gott (Dtn 16,9–12). In diesem Volk gibt es dann nur noch Brüder und Schwestern. Vater hingegen soll sich keiner mehr nennen, denn Gott selbst ist das elterliche Lebenszentrum dieser Familie Gottes (Mk 10,28–30, Mt 23,9). Unter diesen Brüdern und Schwestern herrscht, auf Grund der Wiedergeburt in Jesus Christus, eine «wahre Gleichheit an Würde und Tätigkeit» (Neues Kirchenrecht 1983, Kanon 208). Diese Gleichheit wird auch durch die Berufung zu einem besonderen Kirchenamt nicht aufgehoben. Das heißt: Kirche, wenn sie wahrhaft Volk *Gottes* ist, kennt zwar ein Amt, aber bedarf eines Amtsstils, in dem diese fun-

damentale Gleichheit an Würde und Tätigkeit aller nicht faktisch widerrufen wird. Der Weg dorthin ist nach Jahrhunderten gegenläufiger Praxis weit.

Zu fragen ist auch, wie weit diese gläubige Verbundenheit zu einer lebensmäßigen Verbindlichkeit führt. Jedenfalls müßte ein Christ auf die Frage, wo er hingehört, zunächst sagen: zur Familie Gottes. Hier hat er seine geistliche Erstzugehörigkeit. Und dies auch dann, wenn er im Rahmen seiner Berufung zum Volk Gottes in einer ehelichen Gemeinschaft lebt. In der Formulierung eines oberbayrischen Pfarrers zu einem Ehemann: Fragen Sie halt einmal, ob sie auf ihre Frau oder auf Christus getauft sind! Die Ehe gilt daher – wider allen katholischen Familialismus – als relativ, als der Kirche(ngemeinde) nachgereiht, auch wenn klar bleibt, daß Ehechristen die Pflicht haben, ihre Ehe so zu gestalten, daß diese nicht zum Gegenzeugnis zur Christgemeinde wird. Was heißt dies alles aber weiter für unseren Umgang mit unserer Zeit, unseren Begabungen, unserer Phantasie, unserem Geld? In welchem Ausmaß sind wir auch diesbezüglich der neuen Familie Gottes verpflichtet? Und dies nicht, weil es ein Steuergesetz gibt, sondern weil es zuvor eine gläubige Verbundenheit gibt, aus der lebensmäßig Verbindlichkeit erwächst.

Politik

Ob Gott mit uns ist, ob er das bestimmende Lebenszentrum der Kirche(ngemeinden) ist, wird sodann auch an der gesellschaftlichen Praxis der Kirche sichtbar. Der biblische Gott jedenfalls erweist sich – wider die bürgerlichen Gottesvorstellungen – als ein zutiefst politischer Gott. Dabei meint *politisch* hier: *Einsatz für eine gerechtere Verteilung der Lebenschancen unter den Menschen.* Von Gott wird jedenfalls in den biblischen Glaubensurkunden berichtet, daß er auf seiten der Unterdrückten ist: auf seiten Abels (Gen 4,10), des unterjochten Volkes Israel (Ex 3,7–10), der Armen, Witwen, Waisen (Ex 22,20–22), der Lohnarbeiter (Jak 5,1–6). Jesus liegt ganz auf der Linie dieser Praxis Gottes, er kündigt sie gleich zu Beginn als sein Programm an: «Er hat mich gesandt, den Armen die frohe Botschaft zu bringen, den Gefangenen die Freiheit, den Blinden die Augen zu öffnen, die Zerschlagenen zu befreien» (Lk 4,18), und er hält dieses Programm auch durch. Wenn nun Kirche mit diesem uns in Jesus offenbar gewordenen Gott zu tun hat, wenn *er* das Lebenszentrum der Kirche ist, wenn wir in diesen Gott einwurzeln, dann muß dabei auch seine politische Praxis auf uns überspringen. Wiederum plakativ formuliert: *Je mystischer Kirche ist, desto politischer wird sie sein.* Und in der bedrohlichen Umkehrung: Eine notorisch unpolitische Kirche ist tendentiell gottabweisend, gott-los, a-theistisch. Konkret heißt dies, daß die Kirche dem Gottesgerücht dann Beine machen wird, wenn sie nicht nur geschwisterlich ist, sondern eben auch politisch. Das Meer an ungerechten Verteilungen der Lebenschancen ist heute randvoll: zwischen den Armen und Reichen, der heutigen und der nächsten Generation, der menschlichen und außermenschlichen Mitwelt, den Geborenen und Ungeborenen, den Männern und Frauen, den Arbeitsplatzlosen und Arbeitsplatzbesitzenden, den Weißen und Schwarzen, zwischen denen, die an Gott glauben, und den Atheisten. Zugleich ist die Sehnsucht der Menschen sowohl nach Geschwisterlichkeit und mehr Gerechtigkeit groß. Die Menschen haben auch in dieser Hinsicht hohe Erwartungen an unsere Kirche.

3. Basisgemeinden

Wenn wir nun recht sehen, dann sind die Basisgemeinden, von denen in diesem Buch berichtet wird, kirchliche Orte, wo die Kirche dabei ist, Gott (wieder) lebendig werden zu lassen. Sind doch – wie José Amrein in seinem Beitrag berichtet – drei Grundzüge typisch für viele von ihnen (für alle?): Sie graben sich mit Hilfe der Bibel neu in den wahren Gott ein, werden auf diese Weise aber nicht nur mystisch (das tun andere Bewegungen in der Kirche auch, hören aber hier auf), sondern lassen auch ihr Miteinander und ihr Tun von diesem biblischen Gott bestimmen: Sie haben eine neue Sensibilität für ein aus dem Glauben begründetes geschwisterliches Miteinander und für politische Praxis inmitten der einswerdenden Welt. So sind die Basisgemeinden ein wichtiger Vorgang zum Gewinnen jener Gestalt und Praxis der Kirche, die Gott uns heute offenbar zutraut und zu der er in seiner Gnade ermächtigt. Dabei ist es erfreulich, daß es solche Basisgemeinden nicht nur in der Schweiz gibt – das Buch berichtet ausführlich über sie –, sondern in vielfältigen Variationen auch in Österreich und in Deutschland, darüber hinaus auch in den Kirchen des Ostens (ich denke an die Regnumisten und Bulanyisten in Ungarn, und dies auch deshalb, weil gerade die Bulanyisten zur Zeit innerkirchlich eine schwierige Phase durchzuleiden haben). Dies zeigt aber, daß sich die Kirche nicht nur in den Südkirchen (W. Bühlmann) erneuert und die Impulse des II. Vatikanischen Konzils zum Tragen bringt. Auch die oft als müde und aussterbend angesehene Kirche in Europa liegt offenbar in Geburtswehen. Die Konturen ihrer neuen Gestalt werden schon sichtbar. Es wird auf jeden Fall eine Kirche sein, die wieder *mystischer,* gottverwurzelter sein wird als die heutige. Und weil sie dies sein wird, wird sie auch *geschwisterlicher* und *politischer* sein. Die Basisgemeinden werden bei der Geburt dieser neuen Gestalt auch der europäischen Kirche eine wichtige Rolle gespielt haben.

Basisgemeinschaften

Das Neuwerden der Kirche von unten her vollzieht sich nicht spektakulär, aber doch in einem raschen Wachstumsprozeß. Das Bild ändert sich laufend, feste Organisationen haben sich noch kaum herausgebildet, es geht aber deutlich eine «Vernetzung» der verschiedenen Gruppierungen vor sich, und der Siegeslauf der Basisgemeinden in der Dritten Welt ist immer wieder als Anstoß und als Hoffnungspotential erkennbar.

Wie es in der Bundesrepublik Deutschland, in Österreich und in der Schweiz aussieht, zeigen Überblicke, die den neuesten Stand der Entwicklung darstellen.

Basisgemeinden in der Bundesrepublik

Thomas Seiterich

Die Basisgemeinden in der Bundesrepublik waren Anfang der achtziger Jahre in der Bildungsbürger-Welt der Evangelischen und Katholischen Akademien groß in Mode. In zahlreichen Zeitungen wurden Fotos vom blauen, doppelstöckigen VW-Bus namens Leonid abgedruckt, mit dem Basisgemeinde-Mitglieder 1980, auf dem ersten «Katholikentag von unten» in Berlin, für ein entstehendes Netzwerk der Basisgemeinden im deutschsprachigen Raum warben. Publik-Forum, die «Zeitung kritischer Christen» aus Frankfurt am Main, hatte im Dezember 1979 zum «Workshop Basisgemeinde» eingeladen und veranstaltete im Sommer 1980

eine Zeitungs-Diskussion zwischen Kritikern und Befürwortern von Basisgemeinden in Westdeutschland. Der «Vorspann» dieser Diskussion, die vom Sprecher der «Arbeitsgemeinschaft der Priester und Solidaritätsgruppen» (AGP), Pfarrer Claus-Peter Klusmann, auf der Kritiker-Seite und als Gegenpart von Hermann Pius Siller, Geistlicher in der Basisgemeinde Frankfurt, bestritten wurde, beschreibt zutreffend die damalige Situation:
«Das Phänomen Basisgemeinde ist in aller Munde. Als Thema findet es sich in vielen Bildungsprogrammen. Gemeindepraktiker versprechen sich vom Auftreten der Basisgemeinden neue Impulse für eine erneuerte Kirche. Referenten werden gesucht, Adressen von Basisgemeinden im In- und Ausland erfragt. Basisgemeinden werden gegründet. Auf dem Berliner Katholikentag von unten gab es gar ein eigenes Treffen kritischer Gruppen, Initiativen und Gemeinden. Unter ihnen fanden sich auch einige Basisgemeinden. Doch läßt sich das, was hauptsächlich in Lateinamerika entstanden ist und dort seinen wirklichen, lebens-notwendigen ‹Sitz im Leben› hat, problemlos in die bundesdeutsche Kirchenlandschaft übertragen? Viele Beobachter äußern Skepsis. Es sind nicht nur jene, die von einer kirchlichen Erneuerung, einer Abkehr von der Betreuten-Kirche nicht viel wissen wollen, auch Sympathisanten fragen sich, ob mit dem Wort Basisgemeinde nicht allzuviel Wind gemacht wird. So gab es beispielsweise auf der letzten Hauptversammlung der Priester- und Solidaritäts-Gruppen in der Bundesrepublik eine engagierte Diskussion darüber, ob Basisgemeinden in der Bundesrepublik eine Chance, ja überhaupt eine Berechtigung hätten. Ist nicht die Territorialgemeinde, also die Pfarrei herkömmlicher Art, immer noch und für lange Zeit die vorrangige Gestalt der Kirche am Ort? Da inzwischen das Netz der Basisgemeinden international enger geknüpft wird, ist es notwendig, weiter und intensiver über diese Frage zu diskutieren.

Personalgemeinden, also christliche Gemeinden, deren Mitglieder sich aus freien Stücken zusammengefunden haben, gibt es schon eine ganze Reihe im deutschsprachigen Raum. Die wenigsten nennen sich ‹Basisgemeinden›. In den herkömmlichen Gemeinden wächst zudem das Bedürfnis, Kerngruppen, Basiszellen, Basisgemeinschaften zu bilden. Damit taucht die Frage auf, wie Territorial- und Personalgemeinden aufeinander bezogen sein können.»

Pfarreien oder Basisgemeinden? – Da Deutschland immer noch ein Land ist, in dem zu Anfang erst einmal ausgiebig theoretisch diskutiert wird, beherrschte diese Frage 1980 und 1981 die öffentliche Diskussion. Während – mit Grund – die Kritiker vor übersteigerten Erwartungen und vor einem unüberlegten Import lateinamerikanischer Ideen in die Wirklichkeit einer finanziell gut ausgestatteten deutschen Service-Kirche von bürgerlichen Christen, die in der Regel dem Mittelstand zuzurechnen sind, warnen, verweisen die Basisgemeinde-Mitglieder auf eigene, positive Gegenerfahrungen. Basisgemeinden haben auch in Europa, und zwar in Italien, einen eigenständigen Ursprung. Das Beispiel Niederlande, wo die «Kritischen Gruppen und Gemeinden» in einer den bundesdeutschen Verhältnissen durchaus nicht unähnlichen Industrie- und Wohlstandsgesellschaft einen eigenständigen, aufmüpfigen Weg gehen, stützt die Position der langsam zahlreicher gewordenen Basisgemeinden in der Bundesrepublik (vgl. Die andere Kirche. Basisgemeinden in Europa, hrsg. v. Norbert Copray, Hartmut Meesmann und Thomas Seiterich, Publik-Forum-Buch im Jugenddienst-Verlag 1982).

Warum Basisgemeinden?

Die Mehrzahl der Mitglieder in den bundesdeutschen Basisgruppen und -gemeinden ist zwischen 20 und 60 Jahre alt.

Genau diese Altersgruppen sind in den herkömmlichen Pfarreien relativ wenig vertreten. Soziologisch zählen die «Basischristen», von einer wachsenden Zahl von Arbeitslosen abgesehen, zu den Angehörigen von akademisch gebildeten Mittelschichten. Ausnahmen bestätigen die Regel: So eine Arbeiter-Basisgemeinde in Aachen und Gruppen, die gemeinsam leben und arbeiten, wie die Emmaus-Initiative, die auf eine 30jährige Geschichte mit Menschen zurückblickt, die von der Gesellschaft als Penner und sogenannte Asoziale ausgestoßen worden sind. Die Ausländer-Basisgemeinden, beispielsweise die spanischen im Rhein-Main-Raum, setzen sich im wesentlichen aus Industriearbeiterinnen und -arbeitern zusammen.
Mitglieder von Basisgemeinden in der Bundesrepublik sind, abgesehen von der Teestubengemeinde Würzburg, der Basisgemeinde am Lorenzer Laden in Nürnberg und der Basisgemeinde Wulfshagenerhütten, in ihrer großen Mehrheit katholisch. Während es in der evangelischen Kirche stets zu Gemeinde-Neugründungen von unten kam, etwa im Anschluß an Impulse von Dietrich Bonhoeffers 1938 erschienener Schrift Vita communis, Gemeinsames Leben, fehlen im deutschen Nachkriegskatholizismus vergleichbare Neugründungen. Grund: 1945 wurden die Katholiken, die in Preußen-Deutschland stets ein Minderheitendasein gefristet hatten, in den West-Zonen plötzlich zur Mehrheitskonfession. Sie orientierten sich, abgesehen von einer ganz kleinen Minderheit, an Konrad Adenauers C-Partei und wurden zur staatstragenden Regierungskonfession.
Ein bei Katholiken stark autoritätsfixiertes Kirchen-, Priester- und Gemeindeverständnis trug dazu bei, daß Anfänge einer neuen, selbstbewußten kirchlichen Basisbewegung erst spät und auf dem Umweg über Vorbilder im lateinamerikanischen sowie europäischen Ausland in der Bundesrepublik entstehen konnten. Angesichts einer unter den Gläubigen Westdeutschlands nach wie vor verbreiteten, vornehmlich

auf Harmonie und Kirchengehorsam ausgerichteten Mentalität kommt die Gründung einer basisgemeindlichen Selbsthilfegruppe aus eigener Initiative und auf eigenes Risiko nach wie vor einer geradezu unerhörten innerkirchlichen Widerstandshaltung gleich.

Sind Basisgemeinden in einer reichen, massiv von der Ausbeutung der Dritten Welt profitierenden Gesellschaft wie der Bundesrepublik ein modischer Import aus einer brutalen Wirklichkeit, unter der die Ausgebeuteten in Brasilien beispielsweise oder in El Salvador leiden? Hermann Pius Siller, Theologe und Pfarrer in der Basisgemeinde Frankfurt, versucht eine Antwort: Der Begriff Basisgemeinde meint in der bundesdeutschen Gegenwart den Anspruch, «Christsein und Kirchesein entschiedener in die eigene Verantwortung zu nehmen». In Westdeutschland bedeutet das Wort Basisgemeinde die mutmachende und zugleich einschüchternde Herausforderung, «Betreuungskirche» und «Servicekirche» (beides Begriffe, die der Münsteraner Theologe Johann Baptist Metz geprägt hat) hinter sich zu lassen. Es bezeichnet die «Gemeinde» als Gemeinschaft (Koinoia) von selbstverantwortlichen Mitgliedern, die nicht bloß *Objekt* kirchlicher Verwaltung und Administration sein wollen.

Die Feststellung, daß Basisgemeinden in Westdeutschland eben nicht die Ausgebeuteten und Armen der Dritten Welt versammeln, verbietet nicht den Versuch, als Basisgemeinde hier und jetzt sich auf die Herausforderung der biblischen Befreiungsbotschaft einzulassen. Siller:

«Die Feststellung, daß auch wir durch Rasse, Geschlecht, Klasse und wirtschaftliche Macht im Geflecht der Abhängigkeiten auf der Seite der Herrschenden stehen, ist kein Widerspruch dazu, daß wir (wie die Menschen in der Dritten Welt) einer ganzheitlichen Befreiung bedürfen; nicht so sehr in Richtung auf mehr Liberalität, sondern eher in Richtung einer größeren Verbindlichkeit. Auch *unsere* Lebensverhältnisse sind entfremdet: Wir sind Opfer und Mittäter aufgesetzter Bedürfnisse; wir leben nicht nur unter administrativer Entlastung, sondern auch unter administrativer Kontrolle; wir alle profitieren von einer Gesellschaft, zu deren Fundamenten Friedlosigkeit und Ausbeutung gehören. Wir sind in einen Schuld- und Knechtungszusammenhang hineingebunden, zu dem wir vom Evangelium wohl ein befreiendes Wort, das bis in das materielle Konsumverhalten hineinreicht, erhoffen dürfen. Basisgemeinden hier in unseren Breiten erwarten dieses Wort durchaus als ein richtendes Wort, ein Wort der Sündenvergebung, ein gnädiges, aufrichtendes Wort, als ein Wort, das zur Umkehr ruft.»

Basisgemeinden in Westdeutschland verstehen sich – anders als auf den Philippinen oder in Lateinamerika zumeist als Personalgemeinden, bei denen man nicht automatisch durch die Taufe als Kind, sondern durch bewußte Entscheidung Mitglied wird. Diese Entscheidung, zumeist im Erwachsenenalter getroffen, schließt die Verpflichtung zur selbstverantworteten Mitarbeit und Mitgestaltung des Gemeindelebens mit ein. Für das Mittun in solchen Gemeinden genügt ein Sonntagmorgen oder ein Abend pro Woche kaum. Wo keine bezahlten Kräfte fürs Predigen, fürs Putzen, für Kontakte zu anderen Pfarreien und Gemeinden, für den Rundbrief und fürs Mittagessen am Gemeindesonntag verantwortlich sind, da muß jeder selbst tatkräftig zulangen.

Gleichwohl wissen sich die westdeutschen Basisgemeinden auf ein enges Miteinander mit den Pfarreien verwiesen; würde deren viel breitere Erfahrung mißachtet, so wäre der Weg in eine bedeutungslose Sektenexistenz für die Basisgemeinden gewiß. Diese Gefahr vor Augen, legen sie großen Wert auf das Gespräch und Miteinander mit Pfarreien und Bischöfen.

Die spirituelle Prägung der Basisgemeinden

In sämtlichen Basisgemeinden wird an einem neuen Umgang mit der *Bibel* gearbeitet. Kleine Gruppen setzten sich zusammen, um die Worte von dem Gott, der die Mächtigen vom Thron stürzt und die Erniedrigten erhebt, im Kontext ihrer jeweils konkret gegebenen beruflichen und politischen Umwelt zu begreifen. Solche Gruppen lesen die Gleichnisse Jesu, die Texte über die ersten Gemeinden und etwa die Paulusbriefe über die Konflikte in Korinth und halten die eigene Lebens- und Alltagserfahrung daneben. Daraus erwächst ein neues Verständnis der Bibel als Befreiungsbotschaft sowie eine neue, kritischere Sicht dessen, was im Alltag als selbstverständlich hingenommen und erlebt wird. Die Schöpfungstexte des Alten Testaments erhalten Brisanz, wenn sie vor Ort, vor den Atomanlagen von Kalkar oder Wackersdorf, gemeinsam gelesen werden. Dasselbe gilt für die Klagepsalmen, wenn die Gemeinde, die diese liest, sich gleichzeitig für verfolgte Christen in der Tschechoslowakei oder in El Salvador einsetzt.
Einen ebenso zentralen Rang nimmt das *gemeinsame Gebet* ein. Es hat von Gemeinde zu Gemeinde eine je eigen gewachsene, verschiedene Form; es besteht im wesentlichen aus einem großen Raum der Stille, in der jedes Gemeindeglied Lob, Dank, Not und Fürbitte unzensiert äußern kann. Im gemeinsamen Aushalten der Not, im gemeinsamen Hören von Lob und Dank ist – wenigstens für mich in meiner Basisgemeinde Frankfurt – Gottes Nähe und Gegenwart zu erfahren.
Der Pfarrer ist nicht Leithammel, sondern Mitbruder, einfaches Mitglied in den Basisgemeinden. Bei der Abendmahl- oder *Eucharistiefeier* tritt in den Basisgemeinden die Rolle des ordinierten Priesters zurück zugunsten einer stärkeren Beteiligung aller Gottesdienstteilnehmer. Dabei wird die intime und nach Harmonie strebende Gestimmtheit vie-

ler sogenannter Kleingruppenmessen, wo immer möglich, aufgerissen, damit deutlich wird: Alle Christen in sämtlichen Ländern sitzen an *einem* Abendmahlstisch. Dies tun sie als Reiche, als Arme, als Ausbeuter, als Profiteure der Ausbeutung und als Unterdrückte – so erwächst aus der Mahlfeier ein Ruf zum umkehrenden Handeln.

Bei der *Taufe* von Kindern in Basisgemeinden werden die kirchlichen Taufversprechen, die Frage «Widersagt ihr dem Satan?» konkret gefüllt: Widersagt ihr dem Konsumismus, der Ausländerfeindschaft? Die Gemeinde tritt gemeinsam mit den Eltern eine Mitverantwortung an, das heißt in den Gemeinden nicht nur gemeinsame Kinderkatechese, sondern auch Babies hüten, mithelfen bei den Wechselfällen des Alltags, die eine junge Familie schon einmal in Bedrängnis bringen können.

Jede Basisgemeinde bezieht viel Lebens- und Glaubenskraft aus ihren Kontakten zu Freunden, zu Pfarreien, Basisgemeinden und Gruppen. So entsteht unversehens ein neues Stück *Ökumene.* Diese Ökumene wächst inner- und außerhalb des innerkirchlichen Kräutergärtleins und macht sich nicht an Konfessionsfragen fest. Sie kommt ohne den Disput von kirchlich beauftragten Fachtheologen aus. Sie entsteht aus Reisen und Besuchen; sie hat viel mit Gastfreundschaft zu tun und mit Solidarität. Für diese ist auch die Solidaritätskasse wichtig, in die in der Regel alle Gemeindemitglieder einen bescheidenen Teil ihres Einkommens (Richtwert in Frankfurt: zwei Prozent) einzahlen.

Trotz solcher Fülle an Leben ist die gemeinsame Grunderfahrung in der Bundesrepublik die alltäglich erlittene *Ohnmacht* gegenüber den allseits greifenden Mechanismen einer kapitalistischen Gesellschaft. Hinzu kommt die schmerzliche Erfahrung, wie mächtig die strukturellen Gewalten wirken; wie stark Konkurrenz sämtliche Lebensbereiche durchdringt, wie tief Leistungskult, Entfremdung und Beziehungsunfähigkeit sich in den Außenwelten aus-

breiten und in Innenwelten einnisten. Angesichts solcher *Leidenserfahrung* werden Basisgemeinden zu Orten, wo gelitten, gestritten und gemeinsam in ganz kleinen Schritten Befreiung erfahren wird.
Die Basisgemeinden in der Bundesrepublik haben nicht vordringlich eine kirchenkritische Ausrichtung. Weitaus mehr als eine Protesthaltung, die selbst in ihrer Rebellion fest angebunden bleibt am übermächtigen oberkirchlichen Gegenüber (dessen Kirchensteuereinnahmen 1985 sich auf über fünf Milliarden DM beliefen), bewegt die Basisgemeinden die Suche nach neuen, eigenen Wegen und Befreiungsmöglichkeiten hier und jetzt.
Gegen Bürokratie setzen Basisgemeinden Beziehung. Gegen die finanziellen Zuschüsse der reichen Großkirchen setzen sie gemeinsame Eigenarbeit. Mindestens ebenso wichtig wie die Erklärung der Römischen Glaubenskongregation wird im konkreten Fall das genommen, was mir die Mitchristin oder der Mitchrist beim gemeinsamen Lesen der Bibel in der Gemeindeversammlung zu sagen hat.
Verständnis und Gehör finden Basisgemeinden in der Bundesrepublik erfreulicherweise auch bei Bischöfen, etwa beim Bischof in Hildesheim, in Trier oder in Limburg. Wie sensibel das Verständnis eines westdeutschen Oberhirten für Basisgemeinden sein kann, hat der verstorbene, ehemalige Bischof von Limburg, Dr. Wilhelm Kempf, in seinem letzten Fasten-Hirtenbrief 1981 dokumentiert. Kempf schrieb Sätze, die den Tag überdauern und die von den Basisgemeinden als eine Einladung zum kirchlichen Miteinander und zum Dialog verstanden werden:
«Es gibt Christen, die sich von ihrem Christsein mehr gefordert sehen, als sie in den Pfarrgemeinden an Verbindlichkeit und Engagement treffen. Doch nehmen sie auch die biblische Einsicht ernst, daß man nicht auf sich allein gestellt Christ sein kann. Gerade heute erscheint ihnen Christsein ohne eine Gemeinschaft nicht denkbar. Deshalb tref-

fen sie sich in kleinen Gruppen und suchen nach gemeinsamen Lebensformen, die dem Evangelium und der Nachfolge Jesu Christi gemäß sind. Sie führen Glaubens- und Bibelgespräche, feiern gemeinsam Gottesdienst, geben einen großen Teil ihres Einkommens an die Armen und an die Verfolgten der Dritten Welt, sie treten an die Seite der Rechtlosen und ergreifen in manchen Fragen auch politisch Partei.

Diese Gruppen sind meist nicht von einem Geistlichen gegründet worden. Sie entstehen durch den freien Entschluß der beteiligten Laien selbst. Ihre Ordnung ist nicht vom Kirchenrecht vorgegeben, sie müssen sich eine solche erst suchen. Die Anlässe ihrer Entstehung sind unterschiedlich. Manche finden die Gottesdienste der Pfarrgemeinde zu zeitlos, manche das Angebot an theologischer Weiterbildung unbefriedigend. Andere finden in der Gemeinde keinen Raum zu selbstverantwortlichem Handeln aus christlichem Glauben heraus. Wieder andere suchen einfach eine Gesprächsmöglichkeit mit gleichgesinnten Christen. So vielfältig die Anlässe zur Entstehung für solche Gruppen sind, so vielfältig sind ihre Wege und Stile. Der Standort dieser Gruppen ist meist von amtlichen Seelsorgern kaum noch erreichbar. Als mündige Christen wollen sie unserer Zeit das Zeugnis von Jesus Christus geben und den christlichen Glauben in einer Welt präsent machen, die sonst von der Kirche nicht mehr berührt wird...

Sie sollen auf eine neue Art den radikalen Anspruch des Evangeliums an ein mittelmäßiges oder introvertiertes Christentum wieder laut werden lassen. Sie leiden darunter, wenn die Pfarrei ihnen zu wenig Raum läßt, Eigeninitiativen zu entfalten. Sie kritisieren, daß den Christen und oft auch den Geistlichen die Sensibilität für gesellschaftliche und politische Probleme abgeht. Sie sind abgestoßen von der neuen Mentalität des ‹Sich-versorgen-und-betreuen-Lassens› in weiten Teilen des katholischen Kirchenvolkes.»

Basisgemeinden heute

Heute umfaßt das lockere Netz bundesdeutscher kirchlicher Basisgemeinden über 40 selbständige Gruppen und Gemeinden, die je nach Entstehungsgeschichte und gesellschaftlichem Umfeld höchst unterschiedlich verfaßt sind und zwischen zehn und 150 Mitglieder zählen. Die Grenzen dieser Basisgemeinschaften zu den über 200 Pax-Christi-Basisgruppen, zu den ökumenischen Basisgruppen der Aktion 365, zu den (pfarr)gemeindlichen Friedens-, Dritte-Welt- und Ausländer-Initiativen sind fließend geworden. Die Basisgemeinden ordnen sich ein in den lockeren Verbund der «Initiative Kirche von unten» und engagieren sich wie die sogenannten «Neuen sozialen Bewegungen» auf den zukunftsentscheidenden Engagementfeldern Frieden, Schöpfung, Gerechtigkeit.

Die Basisgemeinden in der Bundesrepublik bilden also nur eine der vielen Farben im bunten Regenbogen all derjenigen Gruppen, Initiativen und Kräfte, die in den Großkirchen Westdeutschlands aufgebrochen sind, um selbstverantwortlich, im persönlichen Bereich risikobereit und in der Öffentlichkeit mit Zivilcourage für die Seligpreisungen der Bergpredigt einzustehen. An Konflikten ist hierbei kein Mangel. Sowohl das gesellschaftspolitische als auch das innerkirchliche Klima in der Bundesrepublik Deutschland ist deutlich konfrontativer, härter als in Österreich und in der Schweiz.

Innerkirchlich läßt sich dies an der fragwürdigen, mit eintöniger Regelmäßigkeit zu jedem Bundestagswahltermin fälligen Parteinahme der Spitzen des offiziellen Katholizismus zugunsten von CDU und CSU festmachen oder am sogenannten «Nato-Katholizismus» des Zentralkomitees der deutschen Katholiken (das mit Laien aus den katholischen Verbänden und Diözesen bestückt ist). Das böse Wort vom «Nato-Katholizismus» bezeichnet eine politische Haltung, die für weitere Hochrüstung mit Atomwaffen angesichts einer angeblichen Gefahr aus dem Osten votiert, sich ihrer eigenen Aggressivität nicht bewußt wird und leider die Mehrheitsmeinung innerhalb des vom ehemaligen bayerischen CSU-Kultusminister Hans Maier präsidierten Zentralkomitees deutscher Katholiken bildet, das den Anspruch erhebt, für die katholischen Laien zu sprechen.

Für das *gesellschaftspolitische* Konfrontationsklima genügen Stichworte wie Wackersdorf, Brokdorf, Gorleben, Kalkar, Mutlangen, Waldheide, Startbahn West. Während etwa in Österreich Konflikte, wie der um das Atomkraftwerk Zwentendorf, friedlich-schiedlich ausgehen, in der Schweiz weitgehende Bürgermitbestimmung von unten durch eine jahrhundertelange Tradition und die Verfassung garantiert ist, fährt der westdeutsche Staat unter Zuhilfenahme brachialer Polizeigewalt eine harte Linie, wenn die Bevölkerungsmehrheit ganzer Regionen sich gewaltfrei gegen neue, höchst gefährliche und den Landschaftscharakter unwiderruflich zerstörende Großtechnologien zur Wehr setzt.

Bei diesen Konflikten, die das Angesicht der neu-deutschen Bundesrepublik verändern und in den letzten zehn Jahren zutiefst geprägt haben, stehen die kritischen Basischristen auf der Seite des gewaltfreien Widerstands. Die Bischöfe und die Kirchenleitungen sind dagegen praktisch stets auf seiten der Staatsmacht zu finden. In solchen Zeiten eines harten innergesellschaftlichen Schlagabtauschs und einer mit den Mächtigen zumeist paktierenden «Oberkirche» verschleißt sich die Glaubwürdigkeit von Kirchenleitungen und Bischöfen. Zugleich werden kritische einzelne und Gruppen engagierter Gläubigen wach und ergreifen Partei.

Die katholische Friedensbewegung Pax Christi beispielsweise hat seit 1978 einen rapiden Strukturwandel durchgemacht. Vor zehn Jahren gab es eine knappe Handvoll von aktiven Mitgliedsgruppen, die häufig aus kirchlichen Funktionären bestanden und ihre Aufgabe zuvorderst in der Be-

ratung von Kirchenleitungen und Politikern erblickten. Heute hingegen haben sich zwischen Kiel und Altötting nicht weniger als 240 Pax-Christi-Basisgruppen formiert. Diese Pax-Christi-Basisgruppen entstanden seit 1980 im Gefolge der Auseinandersetzungen um die atomare Hochrüstung der zweitstärksten Militärmacht des westlichen Bündnisses, der Bundesrepublik. Pax-Christi-Basisgruppen werben für die christlich zu begründende Kriegsdienstverweigerung. Sie sind bei gewaltfreien Blockaden vor Atomraketendepots dabei, leisten geduldig mühsame Versöhnungsarbeit mit der Sowjetunion (beispielsweise die Münchner Gruppe «Versöhnung») und engagieren sich in der gewaltfreien Verteidigung des von der US-Regierung attackierten Nicaragua (so etwa die Pax-Christi-Basisgruppe Idstein).
In der Leitung der Friedensbewegung in der Bundesrepublik, im sogenannten Koordinierungskreis der Friedensbewegung in Bonn, arbeiten Pax-Christi-Leute mit und ziehen dort an einem Strang gemeinsam mit den evangelischen Basischristen von der Aktion Sühnezeichen/Friedensdienste und den Abgesandten der – mehrheitlich katholischen – Initiative Kirche von unten. Die überwiegende Anzahl der Pax-Christi-Basisgruppen ist in Ortspfarreien fest verankert.

Christliche Basisgruppen in Österreich

Josef Mautner

Innerhalb der letzten Jahre hat sich – meist unbemerkt von einer größeren Öffentlichkeit – in der Kirche Österreichs einiges getan: Es ist eine Vielzahl von Gruppen und Initiativen entstanden, die in ihrer Gesamtheit allmählich das bunte und eigenwillige Spektrum einer Basiskirche zu bilden beginnen. Dabei haben Einflüsse aus anderen europäischen Ländern (speziell aus der BRD) und auch aus Lateinamerika eine wichtige Rolle gespielt. Denn vielfach sind diese christlichen Basisgruppen eine Antwort auf Strukturen und Probleme, die die österreichische Kirche bzw. die österreichische Gesellschaft mit ihrem europäischen Umfeld gemeinsam hat.

«Für mich ist vieles in der Großkirche fragwürdig geworden: z.B. die Funktion des Priesters oder die Stellung der Frau. Die momentane Struktur scheint eine wesentliche Veränderung nicht zuzulassen. Bei uns in der Basisgemeinde gibt es viele, die sehr leidvolle Erfahrungen mit der offiziellen Kirche gemacht haben. Wir haben die Form der Basisgemeinde gewählt, weil in ihr Veränderungen möglich sind und weil sie eher einem mündigen Christsein entspricht. Wir haben kein feindliches Verhältnis zur Großkirche, aber wir wollen, daß unser Weg innerhalb der Kirche möglich ist!» Diese Aussage eines Mitglieds der Innsbrukker Basisgemeinde ist bis zu einem gewissen Grad repräsentativ für die Motive vieler Christen Österreichs, die sich innerhalb von Basisgruppen engagieren: Das Leiden an verhärteten kirchlichen und gesellschaftlichen Strukturen führt zur Suche nach Veränderungsmöglichkeiten; deshalb gehören strukturelle Veränderungen im innerkirchlichen und gesellschaftlichen Bereich als zentraler Anspruch an sich selber und an die Institutionen im Umfeld zum Selbstverständnis der Basisgruppen. Das unterscheidet sie auch von verschiedenen kirchlichen Erneuerungsbewegungen (wie «Bewegung für eine bessere Welt», «Neue Stadt», «Charismatische Gemeindeerneuerung»), die zwar auch auf Gruppen aufgebaut sind, aber diesen Anspruch einer politischen Dimension christlichen Handelns bewußt nicht stellen. Noch etwas zum Wort «Basis»: Es bedeutet nicht, daß diese Gruppen an der sozialen Basis der Gesellschaft – also in der

Arbeiterklasse oder in Randgruppen – entstanden sind. Die Mitglieder der österreichischen Basisgruppen sind vielmehr in einem strukturellen Sinne «Basis» – sie sind keine Rollen- oder Funktionsträger, sondern «Laien», die sich aber nicht mehr nur negativ als «Nicht-Amtsträger», sondern positiv als «Basis», d.h. als Träger und Subjekte der Großinstitution Kirche, verstehen wollen.
Im folgenden möchte ich einen Einblick (keineswegs einen vollständigen Überblick!) in das breitgefächerte, bunte Spektrum christlicher Basisgruppen in Österreich geben. Dieser Einblick ist notwendigerweise unvollständig. Eine gewisse Charakterisierung des Spektrums ergibt sich auch aus der Gliederung in drei mögliche Formen von Basisgruppen:
1) Gruppen, die sich als Basisgemeinden verstehen oder die eine Gemeindeform anstreben;
2) Gruppen, die einen festen Platz innerhalb kirchlicher Institutionen haben oder Teil des institutionellen Gefüges sind (z.B. Basisgruppen innerhalb von Pfarreien);
3) Gruppen, die sich als Teil der Neuen Sozialen Bewegung verstehen und dieses Engagement mit christlichen Motiven und Zielvorstellungen verbinden.
Im Zusammenhang mit jeder dieser Formen werde ich einige Gruppen näher beschreiben.

Gruppen, die sich als Basisgemeinden verstehen oder die eine Gemeindeform anstreben

Der Begriff «Basisgemeinde» ist auch in Österreich vieldeutig in der Verwendung und läßt Raum für Mißverständnisse. Dies wurde deutlich beim österreichischen «Basisgemeindetreffen» von 1. bis 4. Mai 1986, zu dem die Pfarrei Wien-Schwechat eingeladen hatte[1]. Viele der dort versammelten Gemeinden waren Pfarreien, die eine stärkere Basis-

orientierung anstreben oder verschiedene Basisgruppen gebildet haben. Davon möchte ich jene Basisgemeinden unterscheiden, die nicht innerhalb einer Ortspfarrei existieren, sondern eine eigene Gemeindestruktur aufgebaut haben (bzw. aufbauen möchten). In diesem engeren Sinn gibt es nur wenige Basisgemeinden in Österreich. Ich möchte folgende nennen: in Wien die *Basisgemeinde am Akkonplatz,* die stark in der Österreichischen Friedensbewegung engagiert ist, und die *Gemeinde Endresstraße,* die aus Familienrunden und aus der Betriebsseelsorge hervorgegangen ist. Die Gemeinde Endresstraße existiert schon seit 1973. Am Anfang stand «die gemeinsame Vision einer Personalgemeinde, d.h. einer nicht durch pfarrliche Verwaltungsstrukturen, sondern aufgrund persönlicher Zugehörigkeitsentscheidung gebildeten Gemeinschaft»[2]. Die Wandlung hin zu einem Selbstverständnis als Basisgemeinde vollzog sich erst relativ spät – unter anderem durch den Eindruck gesellschaftspolitischer Fragestellungen, der mit der Diskussion um die Inbetriebnahme des österreichischen KKW Zwentendorf (im Oktober 1978) erfolgte. Die Gemeinde Endresstraße ist noch stark an pfarrliche Strukturen angelehnt, besitzt aber wesentliche Elemente einer Basisgemeinde, etwa die finanzielle Unabhängigkeit von der Erzdiözese Wien. Die Finanzierung erfolgt ausschließlich durch Spenden der Mitglieder und Meßbesucher.
Des weiteren die *Basisgemeinde Linz,* die *Basisgemeinde Salzburg,* die erst vor ca. einem Jahr gegründet wurde, und die beiden Basisgemeinden *«Micha»* und *«Mirjam»* in Innsbruck, die ich genauer darstellen möchte: Die beiden Gemeinden sind aus einer Teilung der Basisgemeinde Innsbruck im Dezember 1985 hervorgegangen. Diese Basisgemeinde hat sich Ende der siebziger Jahre aus einem Liturgiekreis des Innsbrucker Jugendzentrums «Z6» herausentwickelt. Am Anfang bestand kein Gemeindeanspruch; man war nicht mehr als ein «Meßkreis», und der einzige Treff-

punkt war der Gottesdienst. Die Gruppe veränderte sich, als allmählich Familien dazukamen, denn diese brachten neue Bedürfnisse ein: nach mehr Kontinuität und Verbindlichkeit, nach Integration der Kinder. Die Gruppe wurde allmählich zu «alt» für ein Jugendzentrum, und man dachte an den Auszug. Die Entwicklung eines Selbstverständnisses als Basisgemeinde brauchte einen Diskussionsprozeß von mehr als einem Jahr. Wichtige Anstöße dafür lieferte eine Familie, die aus Brasilien zurückgekehrt war und dort in einer Basisgemeinde gearbeitet hatte. Ein erster praktischer Schritt in Richtung Basisgemeinde war, daß Kinder in der Gemeinde getauft wurden: ein Faktum, das das Bewußtsein für Verbindlichkeit und Verantwortung unter den Mitgliedern stärkte. Ein zweiter Schritt war die Verwirklichung einer Selbstbesteuerung: Es wurde eine Gruppe gebildet, die Auswahlkriterien für unterstützungswürdige Projekte erarbeitete und die Organisation übernahm. Die Selbstbesteuerung läuft nun seit zwei Jahren und bringt monatlich 30000 ö.S. Das erste Projekt war die Finanzierung eines Koordinators für Basisgemeinden in Brasilien. Momentan werden vier bis fünf Projekte unterstützt, unter anderem eine Erzeuger-Verbraucher-Initiative in Innsbruck und die Selbstorganisation der Zivildiener (SORG).
Der Grund für die Teilung der Gemeinde war, daß die Größe zum Problem wurde; der Anspruch, daß jede(r) die Möglichkeit haben sollte, sich einzubringen, war nicht mehr zu verwirklichen. Beide «neuen» Gemeinden haben eine ähnliche Struktur: einmal wöchentlich gemeinsames Morgengebet und eine Eucharistiefeier; wichtigstes Gremium ist die monatliche Gemeindeversammlung, eine Vollversammlung, in der die Themen der Gemeinden diskutiert werden: Verbindlichkeit, Sakramente, Selbstbesteuerung, ... Neben der Gemeindeversammlung gibt es noch den Gemeinderat (fünf bis sechs Mitglieder, für ein Jahr gewählt), der organisatorische Aufgaben wahrnimmt. Außer der Selbstbesteuerung

wird ein Gemeindebeitrag bezahlt, mit dem die laufenden Kosten der Basisgemeinden (z. B. für das Sanieren der Räume) gedeckt werden. Beide Basisgemeinden sind von der Diözese Innsbruck finanziell unabhängig. Die «Micha»-Gemeinde umfaßt 60 Erwachsene und 30 (in der Regel ältere) Kinder als feste Mitglieder. Ein Drittel der Mitglieder sind Studenten, die anderen kommen aus verschiedenen Berufsgruppen, viele aus Sozialberufen, einige sind Arbeiter. Darüber hinaus hat diese Gemeinde einen großen «Dunstkreis» an Sympathisanten und Gottesdienstbesuchern. In der «Mirjam»-Gemeinde sind 40 Erwachsene und 8 Kinder als feste Mitglieder; die Hälfte davon sind Studenten, der Rest vorwiegend Lehrer.

Zum theologischen und politischen Selbstverständnis möchte ich die Gemeinden selbst sprechen lassen: «Die Mitte unserer Gemeinde ist die Eucharistiefeier. Wir versuchen unser tägliches Leben im Licht des Evangeliums zu sehen, und wollen unsere Kämpfe, Freuden und Leiden einander mitteilen und feiern. Wir wollen nicht trennen zwischen Gottesdienst und Menschendienst, zwischen Werktag und Sonntag, zwischen Glauben und Politik. Wir wollen die radikale Nachfolge Christi ernst nehmen. Das heißt für uns, Partei zu ergreifen und Zeugnis abzulegen für die Unterdrückten und Armen in allen Bereichen.» Dazu ist anzumerken, daß viele Mitglieder der Innsbrucker Basisgemeinden in andern Initiativgruppen engagiert sind: z. B. in einem Gastarbeiter-Komitee, in Dritte-Welt-Gruppen, im Verein für Adoptiv- und Pflegeeltern usw.

Zur Position der Basisgemeinden innerhalb der Kirche: «Wir stehen innerhalb der Kirche als Volk Gottes, nehmen aber Abschied von einer Vorstellung von Kirche, bei der die Versorgung der Pfarrangehörigen mit Sakramenten im Mittelpunkt steht. Darum treten wir für eine Erneuerung der Kirche ein, für demokratische Entscheidungsfindung in kirchlichen Angelegenheiten, für mehr Toleranz und Öku-

mene und für kleine, überschaubarere Gemeinschaften von selbstverantwortlichen Mitgliedern.»[3]
Auch die gewählten Namen stehen für das Selbstverständnis der Basisgemeinden: Der Name des Propheten Micha für den Willen zu sozialem und politischem Engagement; der Name Mirjams, der Schwester des Mose, die beim Auszug des Volkes Israel aus Ägypten eine wichtige Rolle gespielt hat, steht dafür, daß die Frauen in der Kirche einen ihrer Bedeutung angemessenen Platz erhalten sollen.

Gruppen, die einen festen Platz innerhalb kirchlicher Institutionen haben

Ich habe versucht, zu unterscheiden zwischen Basisgemeinden und Basisgruppen, die sich innerhalb einer bestehenden Pfarrstruktur gebildet haben. Als Unterscheidungskriterium gilt, daß diese Basisgruppen eben einen festen Platz innerhalb des institutionellen kirchlichen Gefüges haben. Das tragende strukturelle Element sind in diesem Fall nicht die Gruppen selbst, sondern ist nach wie vor die Pfarrei, was sich auch an der nach wie vor führenden Rolle der Pfarrer bemerkbar macht. (Vgl. die andersartige Konzeption in der Bundesrepublik und in der Schweiz.) Die zwei bekanntesten Beispiele für solche Pfarreien sind sicherlich *Wien-Machstraße* und *Wien-Schwechat:* In beiden Fällen sind es die Pfarrer – Paul Weß und Helmut Blasche –, die in der Öffentlichkeit bekannt sind und als Sprecher für diese Gemeindemodelle auftreten. Beide haben auch beim Schwechater Basisgemeindetreffen im Mai 1986 als Referenten gesprochen[4]. Dies ist ein deutlicher Unterschied zu den Basisgemeinden, die ebenfalls alle einen Priester als Gemeindemitglied haben. Diese Priester treten allerdings nicht als Gemeindeleiter oder als theologische Spezialisten auf; ihre einzig spezifische Rolle ist es, der Eucharistie vorzustehen.

Ein wesentliches Anliegen basisorientierter Pfarreien ist es, aus der Reduktion auf eine reine Verwaltungs- und Versorgungseinheit auszubrechen. Die folgende Gegenüberstellung von Gemeindemodellen, die Pfarrer Blasche in seinem Referat während des Basisgemeindentreffens gemacht hat, zeigt dies deutlich: «Modell A: Kirchliche Verwaltungseinheit. Pfarrer betreut und versorgt seine Pfarrkinder (...). Gläubige: unmündig, passiv, Konsumenten des kirchlichen Angebots. – Modell B: Gemeinde in konzentrischen Kreisen. Differenziertes Angebot von Gottesdiensten, Veranstaltungen, Gruppen (...). Team von Hauptverantwortlichen und ehrenamtlichen Mitarbeitern».[5]

Der Prozeß hin zu einer Orientierung an den Basisgruppen ist in der Pfarrei Schwechat so verlaufen: Zwischen 1960 und 1970 war die Pfarrei weitgehend von Familienrunden getragen. Im Herbst 1970 entstand unter dem Eindruck eines Besuches bei der «Integrierten Gemeinde» in München eine sogenannte «Intensivgemeinde». Diese Intensivgemeinde wurde zum Ausgangspunkt für die Basisgruppen; sie hat sich 1983 in drei Gruppen aufgeteilt, die zusammen ca. 100 Erwachsene umfassen. Seit 1977 gibt es eine weitere, örtlich getrennte Gruppe, die «Zirkelweg-Gemeinde», die von zirka 50 Erwachsenen gebildet wird. Daneben existieren all jene Einrichtungen, die es in jeder gewöhnlichen Pfarrei auch gibt: Pfarrgemeinderat, Kirchenchor, Kindergarten, Jugendgruppen, Familienrunden usw. Im Pfarrgebiet Schwechat wohnen ca. 7600 katholische Christen, davon sind ca. 800 Mitglieder der Pfarrei in einem engeren Sinn (Kirchgänger und Engagierte). Die Basisgruppen umfassen in etwa 150 erwachsene Personen.

Den Sonderfall einer Pfarrei mit starker Basisorientierung stellt die *Christliche Betriebsgemeinde VOEST* in Linz dar; denn in der «VOEST-Pfarrei» verbindet sich die Basisorientierung mit einem sehr eindeutigen gesellschaftspolitischen Engagement. Diese beiden Grundelemente verwirklichen

sich einerseits in den Gesprächsrunden, wo die Arbeiter über konkrete Erfahrungen und Probleme im Betrieb reden, und andererseits in der Öffentlichkeitsarbeit der VOEST-Pfarrei mit Resolutionen, offenen Briefen, Presseerklärungen usw. In ihrer jüngsten Erklärung zur Diskussion um das neue Unternehmenskonzept der VOEST (konkret: zu den drohenden Massenkündigungen)[6] tritt die VOEST-Gemeinde für die 35-Stunden-Woche bei vollem Lohnausgleich ein, für die Anerkennung der wichtigen Rolle der verstaatlichten Industrie, für die politische Verwirklichung der evangelischen Werte Gerechtigkeit, Solidarität und Option für die Armen. Die VOEST-Gemeinde spielt in der derzeitigen Krise der verstaatlichten Industrie in Österreich eine wichtige Rolle als Sprachrohr für die Interessen der Arbeiter.
In ähnlicher Weise verbindet die *Katholische Arbeiterjugend* (KAJ) eine an Basisgruppen orientierte Struktur (durch die Arbeit in Lehrlings- und Arbeitergruppen) mit einem klaren, von der Option für die Schwächeren getragenen politischen Engagement. Aus der Solidaritätsarbeit der KAJ Salzburg mit der Dritten Welt und aus dem Bedürfnis von arbeitslosen Jugendlichen nach Selbsthilfe ist im Juli 1986 der Verein *«Entwicklungswerkstatt Salzburg»* entstanden. Ziel dieses interessanten Projekts, das auf Erfahrungen von Entwicklungshelfern in Brasilien und Westafrika zurückgeht, ist «die Entwicklung von effizienten, angepaßten Techniken, vorrangig für Landwirtschaft und Handwerk in Entwicklungsländern, insbesondere in den Landgebieten und Dörfern; die Zusammenstellung von Werkstattsystemen und Einrichtungen, die geeignet sind, den schrittweisen Selbstbau und die Selbstentwicklung von Techniken in Entwicklungsländern zu fördern, und die Vermittlung von Informationen, Werkzeugen, Maschinen bzw. Werkzeugsystemen an Entwicklungsländer»[7].
Eine andere Möglichkeit, wie man in Form einer Basisgruppe innerhalb kirchlicher Institutionen Solidaritätsarbeit mit

der Dritten Welt leisten kann, zeigt die *«Erzbischof-Romero-Gruppe»* Salzburg: In dieser Gruppe haben sich hauptamtliche Mitarbeiter verschiedener kirchlicher Institutionen (Päpstliche Missionswerke, Kath. Arbeitnehmerbewegung, Kath. Arbeiterjugend, Kath. Männerbewegung, Kath. Hochschulgemeinde) zusammengeschlossen, um gemeinsam eine wirksame Form von Bewußtseinsbildung und Solidaritätsarbeit für Lateinamerika zu entwickeln. Auslösendes Motiv für die Gründung der Gruppe im Jahr 1981 war das Unbehagen über das Schweigen kirchlicher Institutionen zu Terror und Bürgerkrieg in El Salvador.

Ursachen für dieses Schweigen waren fehlende Information über die politischen Hintergründe und Berührungsängste mit «linken» Gruppierungen. Eben diese Mängel sollte die Arbeit in der «El-Salvador-Gruppe», wie sie damals noch hieß, beheben. Inzwischen hat sich die Arbeit der Gruppe auf ganz Lateinamerika (mit Schwerpunkt Mittelamerika) ausgeweitet. Der neue Name «Romero-Gruppe» weist auf den Einfluß hin, den die Spiritualität und das Beispiel des ermordeten Erzbischofs von San Salvador, Oscar Arnulfo Romero, auf die Gruppe ausübt (vgl. dazu: O.A. Romero, Blutzeuge für das Volk Gottes, Walter 1986). Die Arbeit der «Romero-Gruppe» geschieht auf drei Ebenen: 1) Informationsbeschaffung und -austausch für die Mitglieder der Gruppe selbst: in erster Linie mit Hilfe von APIA (der Alternativen Nachrichtenagentur des Österreichers Leo Gabriel mit Sitz in Managua), von Publikationen der CONIP (des Zusammenschlusses der Basisgemeinden El Salvadors) und von Informationen des Österreichischen Entwicklungshelferdienstes. 2) Informationsweitergabe und Bewußtseinsbildung durch Gespräche mit Entwicklungshelfern oder Vertretern der Volkskirche und der Befreiungsbewegungen Lateinamerikas, durch Vorträge und Podiumsdiskussionen und durch eine eigene Zeitung «Glaube und Praxis», die dreimal im Jahr erscheint. 3) Direkte Kontakte mit

CONIP und mit Basisgemeinden in El Salvador sowie mit anderen «Erzbischof-Romero-Gruppen». Eine Tatsache, die wenig bekannt ist: Es gibt weltweit (vor allem in Lateinamerika und in den romanischen Ländern Europas) Hunderte von «Romero-Gruppen», die sich zu einer Bewegung zusammengeschlossen haben. 1985 fand das internationale Treffen der Romero-Gruppen in Madrid statt; im November 1986 gab es ein Europa-Treffen in Paris. Die Romero-Gruppe Salzburg versteht sich auch als Teil dieser weltweiten Bewegung.

Gruppen, die sich als Teil der neuen sozialen Bewegungen verstehen

Einen dritten Schwerpunkt sehe ich in jenen Gruppen, die sich als Teil der Neuen Sozialen Bewegungen verstehen und dieses Engagement mit christlichen Motiven und Zielvorstellungen verbinden.
Nicht direkt eine Basisgruppe, aber ein Vorläufer und Katalysator für viele Entwicklungen in diesem Bereich ist die *«Aktion Kritisches Christentum»*. Eine Tagung zum Thema «Sozialismus als gesellschaftliche Verwirklichung christlichen Glaubens» (11.–13. Febr. 1972 in Linz) führte zur Gründung des «Arbeitskreises Kritisches Christentum»; dieser Arbeitskreis wurde im November 1974 als Verein errichtet und in «Aktion Kritisches Christentum» umbenannt. Bereits kurz nach der Gründung des Arbeitskreises wurde diskutiert, ob dieser nicht auch internationale «linkschristliche Nachrichten» sammeln könne. 1973 tauchte erstmals der Gedanke einer Zeitschrift auf, der dann bei der 3. Ordentlichen Generalversammlung der «Aktion Kritisches Christentum» (26. Juni 1976) zum Beschluß wurde. Im Oktober 1976 erschien das erste Heft von «Kritisches Christentum. Beiträge zu Kirche und Gesellschaft», Erstauflage

1000 Exemplare. Im Leitartikel dieser ersten Nummer heißt es: «Es ist uns daher ein Anliegen, auch über das ‹andere› Christentum zu berichten: über das Christentum, das sich für die Befreiung der Menschen, für die Veränderung der Gesellschaft engagiert. Weil wir glauben, daß fortschrittliche Initiativen von Christen in unseren Medien zu kurz kommen, haben wir uns entschlossen, selbst ein ‹Medium› zu gründen.»[8] Inzwischen hat das «Kritische Christentum» im Oktober 1986 mit einer Podiumsdiskussion und einem Symposion in Wien[9] sein zehnjähriges Bestehen gefeiert.

Ich möchte auch auf die *Zeitschrift «solidarisch leben»* hinweisen, die sich als Medium versteht für christliche Basisgruppen und für Christen, die sich in den Neuen Sozialen Bewegungen engagieren. Sie erscheint seit Januar 1985 viermal jährlich in Salzburg und wird von einer Gruppe von Theologinnen und Theologen herausgegeben. Jedes Heft ist einem thematischen Schwerpunkt gewidmet, z. B.: «Glaube und Befreiung», «Frauen – Männer», «Bewegung von unten», «Lust»... Das Originelle dieser Zeitschrift ist, daß sie viele Basisgruppen und ganz «gewöhnliche» Leute (Arbeiter, Arbeiterinnen, Sekretärinnen, Lehrer...) zu Wort kommen läßt und daß sie theoretische Artikel und Erfahrungsberichte miteinander verbindet. «Für uns ist es kein Zufall, daß im Titel der Zeitschrift das Wort ‹leben› vorkommt – und zwar nicht als Hauptwort, sondern als Tätigkeitswort! Denn unsere Zeitschrift soll etwas mit ‹leben› zu tun haben – ‹Leben› nicht als definierter/definierbarer Begriff, sondern ‹leben› als Prozeß, als konkrete und praktische Erfahrung.»[10]

Die beiden letzten Beispiele für christliche Basisgruppen in Österreich sind bundesweit organisiert: Die als Verein errichtete Gruppe *«Christen für die Friedensbewegung»* umfaßt Mitglieder aus ganz Österreich. Die Gruppe entstand im Sommer 1983 im Rahmen des «Linzer Appells», der ersten inhaltlich-politischen Plattform der gesamtösterreichi-

schen Friedensbewegung; sie nannte sich damals «Christen für den Linzer Appell» und wollte zu einer verstärkten Werbung für die Friedensbewegung und den «Linzer Appell» im kirchlichen Bereich und vor allem beim damals bevorstehenden Österreichischen Katholikentag beitragen. Die «Christen für die Friedensbewegung» treffen sich alle sechs Wochen auf Bundesebene; der Verein umfaßt ca. 50 Frauen und Männer und arbeitet auf ökumenischer Grundlage. Viele Mitglieder sind evangelische bzw. reformierte Christen, u.a. der Superintendant und Pastor der Zwingli-Kirche in Wien Balazs Nemeth. Einige Leute aus der Basisgemeinde Wien-Akkonplatz sind ebenfalls bei «Christen für die Friedensbewegung» engagiert. Des weiteren besteht eine enge Zusammenarbeit mit dem österreichischen Zweig des Internationalen Versöhnungsbundes. Arbeitsschwerpunkte der Gruppe sind: das von C.F. von Weizsäcker vorgeschlagene Ökumenische Friedenskonzil, ein jährliches Treffen mit christlichen Gruppen aus andern Ländern (1985 fand ein Treffen mit ungarischen Christen in Györ statt; 1986 ein Gegenbesuch der Ungarn in Österreich), Engagement gegen die vom Vatikan erlassene Neuregelung der Militärseelsorge. Von 12. bis 14. April 1985 fand in Wien ein Internationales Treffen von Christen in der Friedensbewegung statt («Christen – 40 Jahre danach») mit einem einleitenden Referat von Dorothee Sölle[11]. Im Zentrum der Arbeit von «Christen für die Friedensbewegung» stehen die Aktivitäten und Ziele der Österreichischen Friedensbewegung. Die Gruppe hat Sitz und Stimme im Koordinationsausschuß der Österreichischen Friedensbewegung und spielt seit dem Auszug der Katholischen Jugendgliederungen aus der Friedensbewegung nach dem Januar 1984 eine wichtige Vermittlerrolle zwischen beiden[12].
Im Februar 1986 wurde in Linz das erste *«Österreichische Frauenforum feministische Theologie»* gegründet. Bei der Gründungsversammlung waren 54 Frauen (zum Großteil

Theologinnen bzw. Theologiestudentinnen) aus ganz Österreich anwesend. Seit ca. 5 Jahren gibt es in den meisten österreichischen Universitätsstädten Gruppen von Frauen, die sich mit feministischer Theologie beschäftigen. Die einzelnen Gruppen haben unterschiedliche Schwerpunkte: Manche sind mehr theoretisch orientiert, bei andern steht die Reflexion und der Austausch persönlicher Erfahrungen oder die Bewältigung von Leiderfahrungen mit der Kirche im Vordergrund. Das österreichische Frauenforum soll die Kommunikation zwischen den theologischen Frauengruppen und auch die Solidarität unter einzelnen feministisch engagierten Frauen stärken. Der Entschluß, einen vierteljährlichen Rundbrief mit Informationen aus den einzelnen Gruppen herauszugeben, ist leider noch nicht verwirklicht. Die gesamtösterreichischen Treffen werden einmal im Jahr stattfinden – das nächste im Februar 1987 in der katholischen Hochschulgemeinde Salzburg. Das Frauenforum ist ein erster wichtiger Schritt auf dem Weg zur Vernetzung einer im Entstehen begriffenen *Basiskirche* in Österreich, und ich wünsche mir, daß diese Vernetzung noch weitergeht und möglichst viele christliche Basisgruppen erfaßt.
Dieser unvollständige Einblick sollte einen Eindruck von dem vermitteln, was auch in Österreich für viele Christen erfahrbare Wirklichkeit geworden ist: daß Kirche lebendig, aufregend, voller Hoffnung und Veränderungspotential sein kann – vor allem wenn die «Basis» zum Bewußtsein ihrer Bedeutung und ihrer Kraft gelangt!

Anmerkungen

[1] Unter dem Thema «Basisgemeinden – Zukunft der Kirche – Hoffnung für die Welt?».

[2] Aus dem Heft: 10 Jahre Gemeinde Endresstraße. Der Weg einer Wiener Basisgemeinde 1973–1983 (hg. von einem Arbeitskreis der Gemeinde). Wien 1983, S. 3.

[3] Die Zitate stammen aus einer Selbstdarstellung auf einem Flugblatt, das beim Basisgemeinden-Treffen in Schwechat verteilt wurde.

[4] Helmut Blasche: «Basisgemeinde – was ist das und wie macht man das?». Paul Weß: «Gemeindekirche – Ort des Glaubens».

[5] Zitiert nach einer vervielfältigten Zusammenfassung des Referats von Helmut Blasche.

[6] Veröffentlicht in: Kritisches Christentum, Nr. 101, Oktober 1986, S. 20/21.

[7] Die Ziele sind festgelegt in den Vereinsstatuten unter Punkt 2 («Zweck des Vereins»).

[8] Der Leitartikel der ersten Nummer ist zitiert in: Kritisches Christentum, Nr. 50, Juli 1981, S. 4.

[9] Podiumsdiskussion: «Christen zwischen Konflikt und Befreiung», u. a. mit Bischof Vekoslav Grmic (Maribor), und Symposion zum Thema «Perspektiven kritischer Christen».

[10] Aus dem Vorwort der ersten Nummer: solidarisch leben, Heft 1, Januar/Februar 1985, S. 4.

[11] Das Referat von D. Sölle ist leicht gekürzt und überarbeitet abgedruckt in: solidarisch leben, Heft 6, 1986 (Dorothee Sölle: «Die Friedensbewegung als Ausdruck einer Befreiungstheologie für die Erste Welt»).

[12] Die Katholischen Jugendgliederungen wollten die beim Salzburger Plenum der Österreichischen Friedensbewegung im Januar 1984 beschlossene Plattform nicht mehr unterstützen und sind seither nicht mehr im Koordinationsausschuß vertreten.

Basisgruppen in der Schweiz

Walter Ludin

Als 1982 ein Buch über die christlichen Basisgemeinden in Europa herauskam, fehlte darin ein Beitrag über die Schweiz. Und dies zu Recht. Denn damals gab es dort bloß einige wenige solcher Gruppen. Eine Massenbewegung wurden zwar die schweizerischen Basisgemeinschaften seither noch nicht. Ihre Zahl ist aber in raschem Wachstum begriffen.

Einen Hinweis, wie rasch das noch immer zarte Pflänzchen Basisgemeinden wächst, geben die Teilnehmerzahlen der Deutschschweizer Gruppentreffen. 1982 trafen sich nur 30 Leute aus fünf Gemeinschaften in einem abbruchreifen Kinderheim. Vier Jahre später vermochte ein geräumiges Pfarrheim die 260 Menschen aus 25 Gruppen nicht zu fassen.

Damit ist nicht gesagt, daß es in der Schweiz genau 25 Gemeinschaften gibt. Einerseits fanden sich unter den vertretenen Gruppierungen solche, die sich noch kaum Basisgruppen nennen können, weil in ihnen erst zaghafte Ansätze eines verbindlichen Gruppenlebens vorhanden sind. Andererseits gibt es da und dort eigentliche Basisgemeinschaften, von deren Bestehen außerhalb ihrer eigenen Umgebung kaum jemand etwas weiß.

Noch kaum gelöst ist das Problem, von wann an eine Gruppierung sich als christliche oder kirchliche «Basisgemeinde» bezeichnen darf. Kann es die sogenannte «Waschküchengruppe» tun, die irgendwo in der Schweiz besteht? Hier treffen sich Frauen und Männer, Kinder, Jugendliche, Verheiratete, Geschiedene und Alleinstehende alle 14 Tage zu einem gemeinsamen Abend in der Waschküche eines Wohnblocks, um ihre Erfahrungen auszutauschen, persönliche und gemeinsame Fragen zu erörtern, für alle Blockbewohner Versammlungen und kleine Feste zu organisieren, Advent zu feiern, zu singen und sich immer wieder von der Botschaft Jesu herausfordern zu lassen. Kein Pfarrer hat diesen kleinen Kreis von Christen zu solchen Versammlungen ermuntert. Doch die meisten sind mit ihrer Kirche verbunden.

Gemeinsam ist allen Gruppen ihre Unzufriedenheit mit dem Leben in der Großkirche. «Unser Hunger nach Gemeinschaft wird in den traditionellen Pfarreien nicht gesättigt», bemerkte ein Gruppenmitglied. Statt sich von einer anonym gewordenen Institution geistlich versorgen zu lassen, möchten die «Basischristen» selber Verantwortung für das kirchliche Leben übernehmen. Sie lassen sich zwar von den Pfarreien nicht vereinnahmen. Dennoch ist es das Kennzeichen wohl aller Basisgruppen der Schweiz, daß sie sich als Ergänzung und nicht als Konkurrenz zu den Kirchgemeinden verstehen. Ebenso spielt in ihnen der Umgang mit der Bibel eine wichtige Rolle.

Weiter unterscheiden sich die Basisgemeinschaften von den Gebetsgruppen, in denen es fast ausschließlich um ein persönliches Auftanken geht. Sie haben eine mehr oder weniger ausgeprägte gesellschaftliche Dimension, die sich in solidarischem Handeln äußert: untereinander, in der Nachbarschaft und im Wohnviertel, gegenüber Fragen des Friedens und der Dritten Welt.

In einem Land, in dem die katholische Kirche und jene der Reformation fast gleich groß sind, ist es beinahe selbstverständlich, daß die meisten Gruppen konfessionell gemischt sind. Ohne ausdrückliche ökumenische Zielsetzung leben sie doch die Ökumene sehr intensiv.

Im Unterschied zur Bundesrepublik hatten die Schweizer Basisgemeinden noch nie mit der Hierarchie Konflikte. Vielleicht sind sie weniger kämpferisch und kirchenkritisch. Der Hauptgrund für die ausgebliebenen Spannungen mag darin liegen, daß sie noch nicht eine Größe erreicht haben, die von der Kirchenleitung als bedrohlich empfunden werden könnte.

Es ist aber nicht zu übersehen, daß die im Vergleich zu andern Ländern verhältnismäßig aufgeschlossenen Bischöfe der Schweiz der im Entstehen begriffenen Bewegung der Basisgemeinden mit Wohlwollen gegenüberstehen. Ein Bischofsvikar konnte beim erwähnten Gruppentreffen von 1986 darauf hinweisen, daß die Bistumsleitung bestrebt ist, ihnen «in den Pfarreien einen Platz zu geben». Der Bischof und seine Mitarbeiter würden es sehr begrüßen, wenn möglichst viele Laien und Laiinnen sich zu Gruppen zusammen-

schlössen, in denen sie über die Bibel und den Glauben redeten und daraus Konsequenzen für ihr Leben zögen.
Im gleichen Jahr ließ sich ein Priester teilweise freistellen, um als Animator der Basisgruppen zu wirken. Im Sommer führte er – wie schon im Vorjahr – zwei Kurse von einer Woche Dauer durch, bei denen je 20 Leute Impulse für die Gründung neuer Gruppen suchten.
Für die Zukunft ist eine stärkere theologische Verarbeitung der in den Gemeinden gelebten Praxis geplant. Dem dient dieses Buch. Die Bewegung der Basisgemeinden erhofft sich davon ein solideres theologisches Fundament. Außerdem wurde bereits 1985 auf einem regionalen Treffen eine «Anlaufstelle» geschaffen, die Interessenten die Adressen bestehender Gruppen weiterleitet. Auch wenn der vollständige Überblick über die bestehenden christlichen Basisgemeinschaften noch fehlt, ist hier ein Ansatz zu einer Vernetzung gegeben.
Über die Entwicklungsprozesse und die Physiognomie von Basisgruppen in der deutschsprachigen Schweiz und in der Bundesrepublik orientieren konkret und detailliert die folgenden Außen- und Innenansichten.

Außenansichten

«Wie sieht eigentlich eine Basisgruppe aus?» Die folgenden Berichte geben auf diese oft gestellte Frage eine erste Antwort. Der Verfasser, Walter Ludin, hatte Gelegenheit, mit den meisten Mitgliedern der beschriebenen Gruppen ausführliche Gespräche zu führen. Es handelt sich bei den Darstellungen um «Momentaufnahmen» von Gemeinschaften, deren Charakteristikum es ist, daß sie in einem ständigen Prozeß der Veränderung stehen.
Dazu schreibt eine Gruppe im Hinblick auf die Buchveröffentlichung der Berichte, die zuerst in einer Tageszeitung (Vaterland) erschienen sind: «Sie sind ein Abschnitt aus einer lebendigen Geschichte. Diese Geschichte hat sich weiterentwickelt. Vieles ist nicht mehr so wie früher, obwohl wir das Gefühl haben, wir seien uns treu geblieben. Die Details haben sich verändert. Aber was geblieben ist, ist das Interesse aneinander und am gemeinsamen Weg, das Suchen, das Hoffen und das Aufblitzen von Seinem Reich.»

Einsatz für Lebensqualität in Quartier und Pfarrei

Die Basisgemeinschaft St. Josef, Basel, hat 20 Mitglieder im Alter zwischen 20 und 40 Jahren. Sie versteht sich ganz bewußt als Teil einer Pfarrei. Ihr zentrales Anliegen ist es, mitzuhelfen, ihr Quartier zu einem «lebenswerten Lebensraum» umzugestalten.

«Wir haben die Vision, daß die Pfarreien, längerfristig gesehen, aus solchen Zellen bestehen», meint ein Mitglied der Basisgemeinschaft St. Josef, Basel. Diese Gruppe entstand vor vier Jahren. Ihr war ein Zusammenschluß von Leuten vorausgegangen, die mit der Kirche Mühe hatten und sich im Kampf gegen die ihrer Meinung nach oft verfehlte Politik der Kirchenführung (Priester und Laien) lose zusammenfanden. Bald sahen sie aber ein, daß dieser Ansatz nicht ausreichte, um eine lebensfähige Gruppe aufbauen zu können. Nur eine konstruktive Vorstellung von Kirche und der Wille, diese konkret zu verwirklichen, führten weiter.
Der Anstoß zur Gründung der neuen Gemeinschaft ging von den Jugendleitern der Pfarrei aus. Sie sahen, wie viele das öde Quartier flohen, um im Grünen zu wohnen. Nur wenn das Quartier und die Pfarrei mehr Lebensqualität böten, könnten sie zur Heimat werden.
Auch die Erfahrungen der Basisgemeinschaften in der Dritten Welt gaben Anstöße zur Gründung einer eigenen Gruppe, die sich von der Theologie der Befreiung inspirieren ließ. «Wir wollten nicht ein südamerikanisches Modell verwirklichen. Doch wir stellten uns in eine aufbrechende Tradition», erinnert sich ein Gründungsmitglied.

Die Aktivitäten

Die Basler Gruppe trifft sich alle zehn Tage zu einem meist fleischlosen Abendessen. Der Menüplan richtet sich nach den Kriterien «Gerechtigkeit, Umwelt und Gesundheit». Im Anschluß an das Essen werden sowohl persönliche Fragen wie Probleme besprochen, die beim Engagement in Quartier und Pfarrei aufgetreten sind.
Jeden Sonntagabend hält die Basisgemeinschaft eine Meditation, die vom Evangelium des Tages ausgeht. Obwohl das Gebetstreffen für alle offen ist, bleibt die Gruppe meistens

unter sich. Während der letzten Fastenzeit wurde über einen Kreuzweg peruanischer Indios meditiert. Gemäß den Anregungen in den Unterlagen des «Fastenopfers» (entspricht Misereor in der BRD) versuchten die Anwesenden, am Schluß jeweils ihre eigene Situation einzubeziehen. Das Ergebnis hängt nun in Form von Bildern im Treppenhaus des Pfarrheims.
Zurzeit ist ein weiteres Projekt im Aufbau. Eine ökologische Arbeitsgruppe wurde gebildet, um konkrete Anregungen für eine umweltfreundliche Verhaltensänderung der Basisgemeinschaftsmitglieder auszuarbeiten. Später will man die gemachten Erfahrungen in die Pfarrei und in das Quartier hinaustragen. «Die ersten Schritte müssen wir selber zuerst tun, erst dann können wir glaubwürdig nach außen wirken», betont ein Mitglied der Arbeitsgruppe.
Als uns die Gruppenmitglieder von diesem Projekt erzählten, erwähnten sie die Phasen, die sie durchlaufen haben. Zuerst stand in ihrer Gemeinschaft der Gesichtspunkt der Solidarität mit der Dritten Welt im Vordergrund. Bis heute unterstützen sie mit fünf Prozent ihres Einkommens eine Schwesterngemeinschaft in Kolumbien. Inzwischen trat der Aspekt der Umwelt ebenfalls in den Vordergrund. Hier spielt vor allem auch die kritische Einstellung zum Auto eine Rolle: «Wenn wir unsere Treffen in einer Hütte vorbereiten, fragen wir uns, ob wir mit den öffentlichen Verkehrsmitteln dorthin fahren können. Ist dies nicht möglich, reisen wir schlechten Gewissens im Auto.»

Quartier

Das vorhin erwähnte neue Projekt verweist auf die zwei arbeitsmäßigen Schwerpunkte «Quartier» und «Pfarrei». Alle 20 Gruppenmitglieder (20 Erwachsene, davon sechs Ehepaare mit sechs Kindern) wohnen im Matthäusquartier. Es

zählt 15000 Einwohner. 33 Prozent sind Ausländer. Es ist das am dichtesten besiedelte Quartier der Stadt Basel, hat am wenigsten Grünflächen und leidet stark unter verschiedenen Immissionen. Die schlechte Wohnsituation führt für viele zu einem «Wartesaaleffekt»: Man wohnt völlig unverwurzelt im Quartier und interessiert sich nicht um die fortschreitende Verschandelung, kann man ihr doch durch Umzug in eine bessere Wohngegend entfliehen. Deshalb beträgt die Fluktuation auch fast ein Drittel pro Jahr.
«Wir wollen hier bleiben und setzen uns ein, daß das Umfeld verändert wird.» Aus dieser Überzeugung heraus arbeitet die Basisgemeinschaft für ein wohnlicheres Quartier: «Bei den Kämpfen um einen bessern Lebensraum sind wir als Einheit gefragt und integriert. Jene, mit denen wir zusammenspannen, wissen um unseren christlichen Hintergrund.» In letzter Zeit hat sich die Gemeinschaft beispielsweise gegen ein großes Einkaufszentrum eingesetzt: «Weil das Quartier auch von kleinen Läden lebt, haben wir uns mit dem Kleingewerbe solidarisiert.»

Was heißt «Basis»?

Die Gruppe bleibt nicht im Meditationsraum, um abzuwarten, bis sich die Welt ändert. Aus christlicher Verantwortung heraus leistet sie ihren Beitrag zu einem lebenswerten Leben, «damit die Menschen im Sinne Jesu aufrecht gehen können». Sie sieht die Welt in ihrer Brüchigkeit und will sie «in den Kontext Jesu stellen».
Am Anfang steht nicht die Theologie, sondern das Leben. Dieses ist die Basis. In einem zweiten Sinn bedeutet «Basis» auch die Gemeinschaft, die dem einzelnen festen Boden unter den Füßen gibt und ihn aus seiner Vereinzelung führt. Und es ist eine Gemeinschaft, die auf einer ganz spezifischen Basis steht: in der Nachfolge Jesu.

Darum versteht sich die Basler Gruppe als kirchlich. Sie möchte nicht neben der traditionellen Struktur der Pfarrei stehen, sondern trotz allen Widerständen mithelfen, daß diese zu einer Heimat für die Bewohner des Quartiers, auch der Ausländer, wird. So will sie ein «Ferment der Pfarrei» sein.

(13. April 1985)

«Kirchenträumer» ermutigen einander

Die Berner «Kirchenträumer» bilden ein Netz von Christen, die sich für eine Veränderung der Kirche einsetzen. Sie träumen von einer Kirche, die sich stärker an der Bibel ausrichtet und mehr menschliche Begegnung ermöglicht. Etwa ein halbes Dutzend Basisgruppen ermutigen ihre Mitglieder bei ihrer oft schwierigen Arbeit auf pfarrlicher und überpfarrlicher Ebene in der Region Bern.

Am Anfang stand das Motto «Kirche leben statt bauen». Damit wandte sich vor vier Jahren eine Gruppe vorwiegend jüngerer Berner Katholiken gegen den Plan, hinter der Dreifaltigkeitskirche für über elf Millionen Franken ein Pfarrheim im Stile eines Kongreßzentrums zu bauen. Die an dieser Stelle stehende «Prairie» – im Stile eines Berner Landhauses – sollte abgerissen werden. Das teure Projekt wurde in einer Volksabstimmung abgelehnt; die «Prairie» wurde zum ersten offenen Pfarrheim der Schweiz.

So blieb es nicht bei der Opposition gegen eine Kirche, die ihr Geld in Beton investieren möchte. Eine Basisbewegung entstand, die selber ein Stück lebendige christliche Gemeinschaft verwirklichte. In Norbert Lohfinks Buch «Kirchenträume» fand sie eine Vision für eine Veränderung der Kirche – wie auch einen Namen für sich selbst. Die «Kirchenträumer» versammelten sich im April 1983 zu einem ersten Weekend, um nach Wegen zu suchen, an ihrem Ort etwas von ihren Träumen wahr zu machen. Dieses Treffen führte zur Gründung einer Basisgruppe.

In den Pfarreien

Bald entstanden neue Gruppen. Paul M. Zulehner hatte die Berner vor der Auffassung gewarnt, Basisgruppen könnten nur in Lateinamerika entstehen, während in Europa der Boden für sie zu steinig sei. Heute gibt es in Bern bereits etwa ein halbes Dutzend katholischer Basisgruppen. Die Bewegung «Kirchenträumer» ist nun ein Netz, durch das sie untereinander verbunden sind.
Wie ein Mitglied betont, wollen die Berner Gruppen nicht «ein Klub von Leuten sein, die Freude aneinander haben». Ihr Ziel ist nicht ein gemütliches Eigenleben, sondern die Ausstrahlung in die Pfarreien und überpfarrlichen Gremien hinein. Dort arbeiten die meisten «Kirchenträumer» engagiert mit. In den Gruppenversammlungen erfahren sie eine «Hoffnungsgemeinschaft», die ihnen Mut gibt, trotz Widerständen auf eine Kirche hinzuwirken, die sich immer mehr an der Botschaft Jesu orientiert.
Die Bibel spielt bei den wöchentlichen oder vierzehntäglichen Versammlungen aller Gruppen und bei den bisher vier «Kirchenträumer»-Weekends eine zentrale Rolle. Sie wurde zu einem «Buch der Hoffnung». «Von Anfang an haben wir uns an den biblischen Texten orientiert, um nicht bloß eine Selbsterfahrungsgruppe zu werden», erinnert sich ein «Kirchenträumer» der ersten Stunde.

Ein Abend in der «Prairie»

Die erste katholische Berner Basisgruppe entstand in der «Prairie». Als sie zu groß wurde, teilte sie sich. Durch eine solche «Zellteilung» ist bereits eine dritte Gruppe entstanden. Die drei Gruppen treffen sich jeden ersten und dritten Mittwoch im Monat. Wir konnten an einem ihrer Abende teilnehmen.

Den Anfang des Treffens macht ein halbstündiges stilles Gebet in der Krypta der Dreifaltigkeitskirche. Auf dem Altar brennen sechs Kerzen; daneben ist die Osterkerze angezündet. Nach dieser schweigenden Anbetung gehen wir in die nahe gelegene «Prairie». Es bleiben jeweils alle drei Gruppen zu einem einfachen Abendessen zusammen, zu dem jeder etwas mitbringt. Dann zieht sich jede Gruppe zu ihrem eigenen Bibelgespräch zurück.

Beim Gespräch über den zufällig aufgeschlagenen Text aus dem Evangelium fällt auf, daß immer wieder aktuelle Konfliktfelder angesprochen werden, in denen sich die einzelnen bei ihrer Arbeit bewegen. «Ich würde es nicht aushalten, wenn ich euch als Gruppe nicht hätte», gesteht ein hauptamtlich in der Kirche tätiger Laie. Alle sind sich einig, daß die Atmosphäre des Vertrauens in den Gruppenzusammenkünften für jeden eine Stütze ist.

Weitere Gruppen

Eine vierte Berner Basisgruppe trifft sich jeden Sonntagabend. Ihre Mitglieder sind zwischen 22 und 24 Jahre alt, eines ist 30. Die folgenden Berufe sind hier vertreten: Psychiatrie- und Krankenschwester, Sozialarbeiter, Elektromonteur, kirchliche Jugendarbeiterin, Hauswirtschaftslehrerin, Theologe, Geschichtsstudentin und Sekundarlehrer. Auch in dieser Gruppe steht die Bibelarbeit im Mittelpunkt.

Die einzelnen finden hier ebenso wie die Leute von der «Prairie» Rückhalt für ihre Arbeit in und außerhalb der Kirche. Im Augenblick stellen sich einige der in der Stadt und Agglomeration Bern Wohnenden die Frage, ob sie näher beieinander wohnen könnten, um auch während der Woche etwas von ihrem Leben miteinander zu teilen. Andere finden, die Zeit sei noch nicht reif für ein solches «Zusammenrücken».
Eine weitere Gruppe entstand aus einer Fastenaktion für die Abrüstung. Im Herbst erlebte sie eine Krise, sie besteht seither nur noch aus sechs Mitgliedern. Auch aus der Arbeit der Jugendseelsorge entstand eine Gruppe, die sich als Basisgruppe versteht. Jugendliche, die regelmäßig an den Gottesdiensten teilnehmen, blieben nachher jeweils noch zusammen, so daß unter ihnen eine engere Bindung entstand. Eine Gruppe im Berner Vorort Köniz, die alle 14 Tage nach dem Morgengottesdienst gemeinsam frühstückt und längere, intensive Gespräche führt, lehnt für sich den Namen «Basisgruppe» ab. Dies weist übrigens auf die Schwierigkeit hin, klare begriffliche Abgrenzungen zu ziehen.
Ob mit oder ohne Etikette «Basisgruppe»: hinter allen Gruppierungen steht der Wille, aktiv Kirche zu sein und sich nicht bloß «versorgen» zu lassen. Die «Kirchenträumer» finden es wichtig, daß «nicht wenige alles, sondern möglichst viele etwas machen». Sie sind Christen, denen die Kirche trotz manchen Unzulänglichkeiten wichtig geblieben ist. Selbstkritisch fragen sie sich: «Wenn manches schiefläuft, sind wir daran nicht selber schuld, weil wir nichts getan haben?» (20. April 1985)

Nachbarschaft schaffen und sie zur Heimat machen

Die Basisgruppe Kriens bei Luzern geht in ihren Anfängen auf das Jahr 1979 zurück. Ehemalige Entwicklungshelfer beschäftigten sich damals während einer Tagung mit Basisgruppen in Lateinamerika und Europa. Sie versuchten, selber eine Gemeinschaft aufzubauen, in der eine Atmosphäre des Vertrauens herrscht. Seit fast zwei Jahren wohnt ein Teil der Gruppe im gleichen Quartier. Als Nachbarn teilen sie ein Stück Alltag miteinander. Die Basisgruppe hat sich auch den Auftrag gegeben, bei der Reform der Kirche und beim Aufbau einer solidarischen Gesellschaft mitzuarbeiten.

Was tun wir? Auf diese Frage sind auf einem Informationsblatt über die Basisgruppe Kriens zehn Punkte aufgezählt. Hier heißt es beispielsweise:

«– Wir treffen uns jede Woche einmal abends zu Gespräch und Gebet.

– Wir schenken einander Zeit, hüten füreinander die Kinder, entlasten einander für Erholung und Fortbildung.

– Wir feiern die Feste wenn möglich gemeinsam.

– Wir beachten die materiellen Sorgen unserer Gruppenmitglieder und der uns Nahestehenden.»

Offene Haustüren

Das gemeinsame Leben der Basisgruppe Kriens wurde intensiver, als ein Großteil ihrer Mitglieder miteinander in ein neues Quartier am Rande der Gemeinde zog. Hier bestehen schon von der Architektur her die besten Voraussetzungen, daß ein engeres nachbarschaftliches Leben möglich wird. Die Häuser umgeben einen großen ruhigen Platz, auf dem

die Bewohner wie auf einem traditionellen Dorfplatz leicht miteinander Kontakt finden.
Die Mitglieder der Basisgruppe, die im Quartier in fünf Häusern wohnen, wollen füreinander offene Haustüren haben. Sie laden einander oft zum Essen ein. «Die Kinder erleben es als selbstverständlich, daß andere Leute an unseren Tisch gehören», bemerkt dazu eine Mutter. Aus vielen einzelnen Schritten entsteht Heimat im Sinne von Nachbarschaft.
Bei ihren Einsätzen in der Dritten Welt haben die Gruppenmitglieder Gesellschaften angetroffen, in denen solche spontane Nachbarschaft durchaus normal war. Eine Indonesierin, die einen Schweizer geheiratet hat und Mitglied der Gruppe wurde, erzählte: «Ich fühlte mich hier sofort zu Hause. Wenn ich einen Kummer oder eine Freude habe, kann ich zu jemandem hingehen und darüber reden, ohne mich vorher telefonisch anzumelden. In Indonesien ist so etwas selbstverständlich. Am Anfang hatte ich nicht gemerkt, daß eine solche spontane Gemeinschaft in der Schweiz außergewöhnlich ist.»

Offen für die Pfarrei

So wichtig für die Krienser Gruppe eine Gemeinschaft ist, in der jeder den andern wie in einer großen Familie trägt und unterstützt, will sie dennoch nicht bloß ein gemütliches Innenleben haben. Sie öffnet sich für ihre Umgebung. Als christliche Gruppe möchte sie keinesfalls ein «Sonderklub neben der allgemeinen Kirche sein». Auch wenn jedes der zwölf erwachsenen Mitglieder zuerst in der Gruppe Kirche erlebt, suchen sie den Anschluß an die Ortskirche.
In Kriens haben sie das Glück, im Gebiet einer neuen Pfarrei zu wohnen, deren Seelsorge-Team ein ähnliches Kirchenbild hat wie sie. Es geht beiden um den Aufbau von

lebendigen Gemeinschaften, die von Brüderlichkeit und Schwesterlichkeit geprägt sind. Als ehemalige Entwicklungshelfer wollen die Gruppenmitglieder in ihrer Pfarrei vor allem mithelfen, daß die Stimme der jungen Kirchen aus der Dritten Welt zu Gehör gebracht wird.
Seit dem Herbst 1984 gestaltet die Gruppe im Pfarrzentrum einen Gottesdienst, der Christen anspricht, «die sich in den traditionellen Strukturen nicht mehr wohlfühlen und die auf Widerstand stoßen, wenn sie etwas Neues anfangen wollen». Es sind Menschen, die auf der Suche sind nach neuen Formen kirchlicher Gemeinschaft. Um diesen monatlichen Gottesdienst nicht zur Konkurrenz für die Eucharistiefeier der Pfarrei zu machen, wird er nicht auf den Sonntag angesetzt.

Gesellschaftspolitisch aktiv

Auch die Erneuerung der Gesellschaft ist den Kriensern ein zentrales Anliegen. Dazu heißt es auf dem bereits zitierten Informationsblatt: «Wir wollen auch gesellschaftspolitisch aktiv sein für den Frieden, die Solidarität unter den Völkern und für eine gesunde Umwelt.» Schon als die Gemeinschaft am Anfang sich noch «Basisgruppe Luzern» nannte, trug sie nach ihren Kräften bei zur gesellschaftlichen Bewußtseinsbildung. So war sie unter den Organisatoren der Romero-Tage und arbeitete mit an großen Veranstaltungen mit Erzbischof Hélder Câmara. (Vgl. Dom Hélder Câmara, Gott lebt in den Armen, Walter 1986.)
Innerhalb der Gruppe wird oft über politische Themen gesprochen, vor allem auch im Zusammenhang mit Volksabstimmungen und -initiativen. Nach außen hin möchte man noch mehr tun, findet aber dazu kaum Zeit. Vielleicht werden in Zukunft einzelne Mitglieder ihr berufliches Pensum reduzieren, um Kräfte freizumachen für ein größeres Enga-

gement der Gruppe in der Gesellschaft, aber auch in der Kirche. Im übrigen sind einige von ihnen schon beruflich direkt gesellschaftlich engagiert.

Urgemeinde

Während unseres Gespräches, an dem mit Ausnahme von zwei Erwachsenen und der sieben Kinder alle Gruppenmitglieder teilnahmen, fragten wir nach dem Hauptanliegen der Basisgruppe. «Wir möchten eine spürbare Erfahrung christlicher Gemeinschaft und damit auch eine Erfahrung von Gott», war die erste Antwort. Sogleich wurde hinzugefügt: «In der Rückbesinnung auf die urchristliche Gemeinde wollen wir mithelfen, die Kirche zu erneuern.» Als wir zu Beginn des Gespräches jedes einzelne Mitglied gefragt hatten, warum es sich entschloß, in der Gruppe mitzumachen, sprachen manche vom Leiden an der kalten und anonymen Großkirche der Schweiz.
Seit 1979 ist die Zielrichtung der Basisgruppe im großen und ganzen gleichgeblieben. Doch die Formen haben sich gewandelt. Und sie werden sich weiter wandeln: «Wir können heute nicht sagen, was in einem Jahr sein wird. Weil unsere Gruppe beweglich ist und nichts stur festgelegt hat, glauben wir, daß sie Zukunft hat.» (26. April 1985)

Christen miteinander unterwegs

In Küssnacht am Rigi (Vierwaldstättersee) treffen sich neun Personen jede Woche, um miteinander Glaubens- und Lebensfragen zu besprechen. Sie verstehen sich als Gruppe von Menschen, die miteinander unterwegs sind. Bei ihren Zusammen-

künften stoßen sie auf die Frage, ob sie als «lebendige Zelle» das Pfarreileben noch vermehrt mitgestalten könnten.

Den Begriff «Basisgruppe» wagen die Küssnachter nicht auf sich anzuwenden. Sie stellen sich darunter «etwas Intensiveres» vor und denken dabei vor allem an das Zusammenleben und -wohnen. Ein Mitglied betont: «Wir haben uns nicht vorgenommen, eine Basisgruppe zu sein, und wollen überhaupt nicht andere Gruppen kopieren.» Ebenso möchten die neun keine Selbsterfahrungsgruppe bilden, weil es ihnen nicht in erster Linie um psychologische Prozesse geht. Im übrigen aber kümmert es sie nicht, welche Etikette man ihnen aufkleben möchte. Sie möchten einfach miteinander unterwegs sein und einander Impulse geben für ein christliches Leben.
Angefangen hat es im Missionshaus Immensee mit einer Gruppe von Mitgliedern und Mitarbeitern der Missionsgesellschaft Bethlehem (SMB). Als sie vor zweieinhalb Jahren zu groß wurde, kam es in Küssnacht zur Gründung einer eigenen Gruppe. Zur Zeit besteht sie aus drei Ehepaaren, einer geschiedenen reformierten Frau und zwei Priestern der Missionsgesellschaft.

Glauben in den Alltag übersetzen

Die wöchentlichen Zusammenkünfte finden häufig in der Wohnung der beiden Ehepaare mit kleinen Kindern statt. Den Anfang macht ein ungezwungenes Gespräch über die vergangene Woche. «Alle erzählen, was sie erlebt haben. Probleme von Beruf und Familie können eingebracht werden. Aber wir wollen nicht die Seelenwäsche heraushängen...»
Im letzten Jahr feierte die Gruppe fünfmal gemeinsam Gottesdienst, vor allem im Umfeld der großen Feste des Kir-

chenjahres. Für die übrigen Treffen bereitet jeweils abwechslungsweise ein Mitglied ein Thema vor. «Ich habe hier gelernt, vor Leuten zu reden», bemerkt dazu eine der Frauen.

Thematisch ist bei den Zusammenkünften das Spektrum recht breit. Hier und da werden Fragen besprochen, die gerade in der Öffentlichkeit diskutiert werden. Als die Gemeinde über ein Sportzentrum abzustimmen hatte, überlegte sich die Gruppe ihre Stellung zum Sport. Vielfach kommen die Themen von der Lebenssituation der einzelnen oder der Familien her. So wurde über Schwangerschaft oder über Erziehungsprobleme gesprochen. Auch ein Text, den das vorbereitende Gruppenmitglied besonders wichtig findet, kann Ausgangspunkt für das Gespräch sein.

Im Grunde genommen gehe es, so meint jemand auf meine Frage nach den behandelten Themen, vor allem um das eine: «Was bedeutet Gott und Jesus Christus für mich?» Die anderen ergänzen, sie wollten einander helfen, von einem Zentrum her zu leben. Sie möchten den Glauben und die Bibel ins alltägliche Leben übersetzen. In diesem Zusammenhang und sonst noch öfter im Verlauf meines Zusammenseins mit der Gruppe fällt das Wort vom gemeinsamen Weg.

Gesellschaft wird Gemeinschaft

An diesem Abend dreht sich das Gespräch um einen Text von Richard Thalmann. Er behandelt den Weg von der Gesellschaft zur Gemeinschaft. Die Gruppe spürt, daß sie noch weit entfernt ist vom aufgezeichneten Ideal einer Gemeinschaft, in der alle für die anderen völlig offen sind. Dennoch spürt sie, daß von diesem Traum schon einiges wahr geworden ist: «Ich fühle mich unter euch sehr wohl. Ich weiß mich von euch getragen. Auch wenn wir einander

unsere Schwächen offenbaren, müssen wir nicht das Gefühl haben, deshalb in den Augen der andern weniger wert zu sein.»
Das Gebet der Töpfer von Taizé rundet die Diskussion ab. Es weckt in einigen den alten Wunsch, einmal gemeinsam nach Taizé zu fahren, «zum Schweigen». Eine Frau erinnert an einen anderen Plan, der noch nie verwirklicht wurde, obwohl er doch etwas einfacher ist: «Es wäre schön, wenn unsere Familien einmal miteinander essen könnten. Aber wo haben wir Platz?» Die Bäuerin macht den Vorschlag, daß sich im Sommer alle auf ihrem Hof treffen, um im Freien miteinander zu essen.
Inzwischen wurde ein Imbiß aufgetragen, der den Gruppenabend jeweils, mit Ausnahme der Fastenzeit, abschließt: «Für uns ist Gastfreundschaft sehr wichtig. Sie ist ein bedeutsamer Teil der Gemeinschaft.»

Der Weg ist wichtiger als das Ziel

Bei Wein, selbstgedörrtem Fleisch, Käse und Brot geht das Gespräch weiter. Es dreht sich vor allem um die an diesem Abend schon einige Male angeschnittene Frage, wie weit die Gruppe nach außen hin tätig sein kann: «Unser Zusammensein muß Auswirkungen haben auf die Pfarrei und das Dorf. Sonst sind wir bloß ein schöngeistiger Klub.» Alle sind sich einig, daß ihnen die Gruppe schon viel geholfen hat, in Familie und Beruf den Glauben besser zu leben.
Ein Gruppenmitglied drängt vor allem auf ein vermehrtes Engagement nach außen: «Wir verstehen uns ja als lebendige Zelle. Eine Zelle ist aber ein Teil des Organismus.» Jede Pfarrei sollte seiner Meinung nach fünf bis sechs Gruppen als Zellen haben, die ihren Beitrag zum Gemeindeleben leisten. Ein Gebiet wäre die Gottesdienstgestaltung, aber ebenso die christliche Verantwortung in der

Gesellschaft: «Wir sollten das spezifisch Christliche als Sauerteig einbringen und uns beispielsweise mit sogenannten Randgruppen beschäftigen. Alte, Ausländer oder Drogengefährdete müßten spüren, daß christlicher Glaube gelebt wird.»
Im Augenblick ist dies für die Küssnachter Gruppe noch Zukunftsmusik. Es scheint jedoch, daß sie auch hier gemeinsam auf dem Weg ist. Wohin er führt, weiß noch niemand. Dies kümmert die neun Leute aber ebensowenig wie die Etikette, die man ihrer (Basis-)Gruppe verpassen könnte. Denn: «Der Weg ist für uns wichtiger als das Ziel.»

(25. Mai 1985)

«Jeder ist ein Reichtum für die Gruppe»

Die Basisgruppe St. Gallen trifft sich jeden Mittwoch zum Abendessen, zur Meditation und zum anschließenden Gespräch. Ihr Treffen am Freitagabend ist auch für Außenstehende offen. Das Wohnen im gleichen Quartier – «in Pantoffelnähe» – ermöglicht zwischen den Versammlungen viele spontane Begegnungen. Die zwölf Mitglieder der Gruppe wollen nicht nur über den Glauben reden, sondern ihn auch in Gemeinschaft leben.

Es begann vor drei Jahren. St. Galler, von Neuaufbrüchen inspiriert, wie sie etwa in Taizé gelebt werden, trafen sich regelmäßig zum Familiengebet in einer Pfarrei der Stadt. Bald spürten einige von ihnen das Bedürfnis, neben dem Gebet auch ein Stück Leben miteinander zu teilen. In einem einfachen, wohnlichen Quartier, in dem auch viele ältere Leute leben, fanden sie kurz nacheinander Wohnungen.

Stille

Auf meine Anfrage, ob ich die Gruppe kennenlernen könnte, werde ich darauf aufmerksam gemacht, daß ihr gemeinsamer Freitagabend allen offensteht. Als ich gegen sieben Uhr ankomme, treffe ich in einer der Wohnungen neben einigen Gruppenmitgliedern, für welche die Teilnahme an diesem zweiten Abend pro Woche freiwillig ist, einige Gäste: zwei ältere Frauen sowie zwei jüngere, die sich überlegen, ob sie in Zukunft der Gruppe beitreten und somit auch in diesem Quartier wohnen wollen.
Nach dem Abendessen wird in der Stube zwischen Kerzen eine moderne Ikone von Josua Bösch aufgestellt. Dann beginnt eine Meditation, eröffnet mit einer kurzen Geschichte zum Thema Vertrauen. Für das vorgesehene Musikstück werden die beiden Gitarrenspieler gebeten, aus Rücksicht auf ein im Nebenzimmer einschlafendes Kind eine «sanfte Melodie» zu wählen. Auf die Lesung aus dem Neuen Testament folgt eine längere Stille, in der nur der Ton des Fernsehers aus einer Nachbarwohnung zu hören ist. Ein frei formuliertes Gebet leitet über zu den spontan gesprochenen Fürbitten, die wiederum von Stille begleitet sind. Mit einem gesungenen Vaterunser wird der Gebetsteil abgeschlossen.

Motivation

Ähnlich verläuft der Mittwochabend, wenn die Gruppe unter sich ist. Es folgt jeweils ein Gesprächsteil über aktuelle Fragen. Oft erzählt jemand von dem, was ihn gerade bewegt. Dazu erklärt mir ein Gruppenmitglied: «Wir wollen kein künstliches Leben aufbauen. Wir achten auf das Leben und lassen es geschehen...»
Wie ich später noch erfahre, ist damit etwas vom Wesentlichen über die St. Galler Gruppe ausgesagt. Sie will sich öff-

nen auf das Leben hin, das laufend Überraschungen bereithält: «Die Kunst besteht darin, den Rahmen so straff und so locker zu spannen, daß das unverhoffte Leben sich ereignen kann; mehr noch: daß es gefördert und nicht erdrosselt wird. Das Unverhoffte soll nicht als Störung empfunden werden.»

Auch am Abend mit den Gästen hat jeder Anwesende die Gelegenheit, das, was er will, in die Runde hineinzugeben. Da heute niemand das Wort ergreift, werde ich eingeladen, meine Fragen zu stellen. Ich mache den Vorschlag, alle sollten erzählen, warum sie sich entschlossen haben, in einer christlichen Basisgruppe mitzumachen. Als erster antwortet einer, der von Anfang an dabei ist: «Allein zu glauben und im Glauben zu wachsen, ist sehr schwierig. Nur mit dem Sonntagsgottesdienst und privater Bibellesung besteht die Gefahr, daß ich mich an der Oberfläche halte und mich nicht konkret betreffen lasse.» Er fügt hinzu, er möchte mehr mit den andern teilen als nur Worte. Ähnlich ein Mitglied, das erst zwei Monate dabei ist: «Ich möchte nicht nur über den Glauben reden, sondern versuchen, ihn auch in Gemeinschaft zu leben.»

Andere finden es gut, in einem kleinen, überschaubaren Kreis menschliche Beziehungen zu haben und sich voneinander herausfordern zu lassen. Zwei andere möchten nach einem Einsatz in der Dritten Welt die intensiven Gemeinschaftserfahrungen, die sie dort bei Basisgruppen kennenlernten, auf eine ähnliche Art wieder in der Schweiz erfahren.

Auf meine Frage nach dem gemeinsamen Lebensstil und gemeinsamen Aktivitäten nach außen entsteht eine lange Diskussion über den Spielraum, den man einander zugesteht. Ein verpflichtendes gesellschaftliches Engagement gäbe es nicht: «Die einzelnen Mitglieder machen in verschiedenen Bewegungen und Aktionen mit, wie zum Beispiel Friedenswoche, Dritte-Welt-Gruppe und Aktivitäten des Quartiers.» «Doch der Reichtum der Gruppe besteht nicht darin, daß alle das gleiche machen. Wir haben auch keine gemeinsame Ideologie. Aber wir versuchen, einander auf dem individuellen Weg als Menschen und als Glaubende zu unterstützen.» Dies sei nicht einfach, weil immer wieder Erwartungen und Normen durchbrächen, die man dem anderen auferlegen möchte. Doch «nur wenn jeder sich selbst ist, ist er ein Reichtum für die Gruppe. Wer etwas vorspielt, betrügt die anderen.»

Kirche und Bibel

Die Gruppe versteht sich als christliche Gemeinschaft: «Wir erleben die Kirche als Freiraum, den wir mitgestalten können. Die Kirche lebt, wenn wir etwas dazu beitragen und nicht von oben alles erwarten.» Die Gruppe mißt der Bibel eine besondere Bedeutung zu. Das gemeinsame Leben hilft ihr auch, sie besser zu verstehen: «Aus dem Leben heraus verstehen wir den Text. Und umgekehrt: der Bibeltext hilft uns, das Leben besser zu erfassen.»

Nach über anderthalb Stunden erkundige ich mich in der Gesprächsrunde, ob wir wohl alle Bereiche, die zum Verständnis der Basisgruppe wichtig sind, besprochen hätten. Die Antwort: «Wir können vieles in Worte fassen. Und doch ist alles ganz anders.» (15. Juni 1985)

Innenansichten

Die folgenden Äußerungen von Basisgruppen und ihren Mitgliedern bilden von der Konzeption her das Herzstück des Buches. Sie wollen ein möglichst getreues Bild geben von den Zielen der Basisbewegung, von dem Erreichten und auch von dem vielen, was bloßer Wunsch geblieben ist.
Hier kommt vor allem die Basisgruppe Kriens bei Luzern zu Wort. Ihre Geschichte, die bis Ende der 70er Jahre zurückgeht, ist wohl am ausführlichsten von allen Basisgemeinschaften der Schweiz dokumentiert. So können wir die Gruppe in ihrem Auf und Ab begleiten. Drei weitere Berichte, in denen andere Gemeinschaften sich vorstellen, wurden ausgewählt, weil sie Einblick geben in wichtige Aspekte des Gruppenlebens, nämlich die Verbindung zwischen Evangelium und Alltag (Biel), die Gruppenbildung in kleinen, völlig unspektakulären Schritten (Luzern) und den Versuch, verbindliche Formen von Nachbarschaft zu finden (St. Gallen).
Die Berichte aus der Bundesrepublik vermitteln einen Eindruck von der Vielfältigkeit der Basisgemeinschaften in Deutschland.

Basisgemeinde Biel

1980 entstand unsere «Basisgemeinde Beundenweg» in Biel. Die Initialzündung kam durch eine Familie, die sich nach mehrjährigem Einsatz in Kolumbien eine Rückkehr in die materiell übersättigte, aber menschlich verarmte Schweiz nur vor-

stellen konnte, wenn sie in unserem Land etwas von jener Kirche leben konnte, die sie bei den Armen entdeckt und erfahren hatte. So erscheint das, was wir hier miteinander erleben, wie ein Geschenk der lateinamerikanischen Basiskirche.

Kurzporträt unserer Gemeinschaft

Zunächst waren wir zwei Familien und zwei Ledige. Gegenwärtig gehören vier Familien mit neun Kindern und zwei ledige Frauen zur Basisgemeinde. Wir alle wohnen im gleichen Arbeiterquartier in einfachen Genossenschaftswohnungen am Stadtrand von Biel.
Von Beginn an kamen alle Erwachsenen der Basisgemeinde jeden Freitagabend zusammen. Drei Grundelemente prägen diese «Gemeindeabende»: Austausch unserer Lebenserfahrungen, Reflexion dieser Erfahrungen im Lichte des Evangeliums und gemeinsames Singen und Beten. Regelmäßig feiern wir gemeinsam Eucharistie/Abendmahl.
Die meisten von uns haben eine überfüllte Agenda. Der allwöchentlich gemeinsame Abend (in Untergruppen oder in der Gesamtgruppe) hat trotzdem für alle erste Priorität. Der regelmäßige Rhythmus ist allen sehr wichtig und Ausdruck einer selbstgewählten Verbindlichkeit.
Mindestens ebenso wichtig wie die gemeinsamen Abende ist für uns aber das Leben miteinander und mit den Nachbarn im Quartier: gemeinsam essen, einander auf die Kinder achten und sehr viel Alltägliches miteinander teilen. Dadurch wächst die gegenseitige Vertrautheit und Wärme. Die Kinder gehen auch in den anderen Familien wie selbstverständlich ein und aus und sind nicht nur in der eigenen Wohnung daheim. Sie leben die Basisgemeinde auf ihre Weise.
So an- und aufregend das Leben in der Basisgemeinde ist: wir wollen uns nicht selber genügen. Die meisten von uns haben verbindliche Beziehungen zu Menschen inner- und

außerhalb des Quartiers, sei es durch die berufliche (soziale) Arbeit oder durch freigewählte Beziehungen. Einzelne arbeiten initiativ mit im entstehenden Quartierzentrum. Andere sind stark entwicklungspolitisch engagiert. Auseinanderzusetzen haben wir uns dabei immer wieder mit dem Spannungsverhältnis zwischen Anspruch und Wirklichkeit. Gemeinsam speisen und verwalten wir den «Gemeinde-Fonds», ein gemeinsames Bankkonto. Alle – auch wer nichts einbezahlen kann – beschließen jeweils gemeinsam, welche Personen und Projekte wir als Basisgemeinde mit diesem Geld unterstützen oder wie wir es unter uns umverteilen und einsetzen wollen.
So bekommt unsere Basisgemeinde im weitesten Sinn eine politische Dimension, auch wenn wir wenig in politischen Aktionen oder bei öffentlichen Anlässen als gesamte Basisgemeinde in Erscheinung treten. Doch kommt sie zum Tragen in der Art, wie wir zu leben versuchen, und in unserer solidarischen Verbundenheit mit allen Basisbewegungen, die sich für eine menschlichere Welt einsetzen (Friedens-, Ökologie-, Dritte-Welt-, Frauenbewegung usw.).

Was bedeutet mir die Basisgemeinde?

Gewöhnlicher Alltag und kleine Schritte: Mein Leben in der Basisgemeinde ist gekennzeichnet durch viele Krisen und neue Aufbrüche. Das ist mir sehr wichtig geworden. Ich erlebe, wie ich, wie wir gemeinsam trotz Enttäuschungen, trotz Durststrecken und vielem, was so unvollkommen ist, nicht aufgeben, sondern uns immer wieder neu auf den Weg machen.
Ich bin mit meinem Mann zusammen vor anderthalb Jahren zur Basisgemeinde gestoßen. Nach der ersten Begeisterung und Freude, hier in einem warmen Nest zu sitzen, folgte bei mir die große Ernüchterung. Ich fand es schwie-

rig, mich in einer bereits bestehenden Gruppe einzuleben und meinen Platz zu finden. Das Leben in der Basisgemeinde hat viel mit gewöhnlichem Alltag und kleinen Schritten zu tun. Ich erlebe nicht nur Wärme und Gemeinsamkeiten, sondern auch viel Trennendes. Es fällt mir immer wieder schwer, das, was mich von den anderen trennt und unterscheidet, anzunehmen. Ich bin reformiert, also nicht wie fast alle anderen in der katholischen Pfarrei zuhause.

Christine

Verbindlich miteinander Kirche leben: Vor drei Jahren wußte ich kaum, was eine Basisgemeinde ist. Unterdessen ist sie für mich zu einem wichtigen Bestandteil meines Lebens geworden. Wir haben uns entschlossen, verbindlich miteinander Kirche zu leben: hier, in unserem Quartier, in unserem Alltag; hier, in der beängstigenden Situation unserer Welt.
Gemeinde sein heißt Gemeinschaft spüren. Ich erlebe sie, wenn wir zusammen essen, Materielles und Immaterielles teilen, wenn wir miteinander feiern, wenn wir gemeinsam unser Leben überdenken und – in schüchternen Anfängen – zusammen beten.
Und Basis bedeutet mir, daß wir gemeinsam das suchen und vertiefen, worauf wir unser Leben aufbauen; und dabei entdecken, wie befreiend das Evangelium ist und wie befreiend wir füreinander sein können – wenn wir uns treffen lassen.

Maria

Mir selber begegnen: Mein Einstieg in die Basisgemeinde fiel zeitlich zusammen mit dem Rollentausch in unserer Familie. Nach sechs bewegten und aktivistischen Jahren kirchlichen und politischen Engagements war ich als Hausmann plötzlich «nur» noch für unsere beiden Kinder und den Haushalt verantwortlich. Ich spürte bald die gähnende Leere in mir, die ich im Berufsleben, hektisch getrieben, überspielt hatte.

Das Leben in der Basisgemeinde bewahrte mich wie ein schützender Mantel davor, jäh in eine totale Depression zu fallen. Wie oft konnte ich die Kinder in gute Obhut geben und mich so – eingeschränkt zwar, aber eben doch – außerhalb der Familie für Anliegen einsetzen, die mich bewegten. Umgekehrt öffnete mich das Zusammenleben in der Basisgemeinde dafür, Schritt für Schritt meiner eigenen Ohnmacht und Armut und dem Elend in mir selber zu begegnen. Ich sehe jetzt immer deutlicher, daß es – nach einem Wort von Bert Brecht – nicht wichtig ist, der Stärkere, Bessere, Perfektere, Engagiertere usw. zu sein. Sondern der Lebendige.

Sepp

Neue Wertmaßstäbe erleben: Die Basisgemeinde prägt mein Leben. Ich spüre z. B. deutlicher, was mir an anderen Mühe macht. Ängste, Schwierigkeiten und Fähigkeiten werden sichtbar. Es zählen plötzlich andere Wertmaßstäbe. Ich entdecke, daß wir alle auf dem gleichen Boden, derselben Basis stehen. Ich spüre, wie jeder sein Kreuz zu tragen hat. Zwänge dürfen wegfallen, wenigstens ein bißchen kleiner werden. Fassaden, Masken, Idealisierungen fallen zusammen. Und es kommt das Gemeinsame hervor: unsere Sehnsucht, geliebt zu werden und zu lieben, bejaht zu sein, ganz zu werden, heil. Es sind Werte, die auch für die Kirche und die Gesellschaft ihre Bedeutung haben. Nicht mehr Leistung oder Erfolg zählen, Prestige und Karriere. Mit-sein zählt, Partizipation, Schwesterlichkeit und Brüderlichkeit.

Alice

Mich bedürftig zeigen, mit-teilen und feiern: Ich sehne mich danach, daß mein Gesicht mehr und mehr ein Spiegel meiner Seele wird. Häufig gebe ich mich stark («ich werde es schaffen») und werde dabei vor lauter Konzentration auf das Ziel hart und stur. Hin und wieder gelingt es mir, mich bedürftig, schwach und weich zu zeigen. Dann erfahre ich

zu meinem Erstaunen, daß ich nicht verachtet werde, sondern wie mich das über Jahre gewachsene Vertrauen zu meinen Freunden in der Basisgemeinde trägt. Meine Angst und mein Mißtrauen sind sehr groß. Ich brauche viel Zeit und Nähe, um diesen Schritt zu wagen.
In der Basisgemeinde fühle ich das Netz stärker werden, welches mich auffängt. Manchmal gehe ich mit dem, was mich beschäftigt, aus unserer kleinen Familie hinaus und trage es zwei oder vier Häuser weiter zu einer Frau oder zu einem Mann unserer Basisgemeinde; oder ich nehme es mit zum wöchentlichen Gruppenabend. Fast immer finde ich jemanden mit einem offenen Ohr. Ich nehme einen Blick, eine Geste oder einen Satz mit und beginne den Weg aus meinem ratlosen Durcheinander hinaus.
Über Geld wird in unserer Gesellschaft privat kaum geredet. Trotzdem spielt es in vielen Lebensbereichen eine bedeutsame Rolle. Durch diesen Gegensatz wird Geld mystifiziert. Ich möchte gerne dem Geld den Platz geben, der ihm zukommt: eine Sache, die wir brauchen, über die wir offen miteinander reden, wenn dies für uns wichtig ist; die wir einander schenken, wenn der eine zu viel davon hat und der andere zu wenig. Ich verdiene in meinem Beruf als Ärztin mehr als genug Geld. Ich möchte Geld auch gerne mit Menschen in meiner Nähe teilen, wenn sie es brauchen. Es ist deshalb gut, daß wir in der Basisgemeinde zeitweise um unsere finanziellen Sorgen wissen und einander aus der gemeinsamen Kasse Geld geben können. Auf dieser breiteren finanziellen Basis wird manchmal etwas möglich, was einer einzelnen Person oder Familie versagt wäre.
Wenn wir zusammen feiern, fühle ich Wärme: Ostern, Pfingsten, Eucharistie, Weihnachten, Geburtstage, sonntägliche Apéros usw. Unsere Gruppenabende lasten oft schwer von Leiden, Unsicherheiten, Zweifeln. Ich sehne mich zwischendurch nach der Leichtigkeit, nach dem Tanz unserer

Herzen und Augen, wenn wir lachen und plaudern, singen und spielen, essen und trinken. Unser persönliches Leben nehmen wir oft schwer. Wir fühlen uns für so vieles verantwortlich. Gemeinschaft «verleitet» eher zur Freude und zum Feiern als das Leben in der Vereinzelung. Fritzi

Basisgruppe Kriens

Am Anfang ein Gottesdienst

Den Anstoß zur Gründung unserer Basisgruppe gab 1979 die Jahrestagung der Luzerner Ortsgruppe von Interteam, einer Organisation, die Entwicklungshelfer in die sogenannte Dritte Welt vermittelt. Diese Tagung war dem Thema «Basisgemeinden» gewidmet. In ihrem Verlauf wurden während eines Gottesdienstes die folgenden provokativen Texte vorgetragen.

Kirche ohne Gemeinschaft: das ist die tägliche Erfahrung vieler Menschen in unserer Gesellschaft, ob sie nun innerhalb oder außerhalb oder am Rand der Kirche stehen.

Beziehungslosigkeit ist unser Elend in der Kirche, auch in unseren Gottesdiensten. Wir kennen uns gegenseitig kaum. Wir legen auch nicht viel Wert darauf, Gemeinschaft untereinander zu finden. Darum kommt jeder allein zur Kirche und geht dann allein nach Hause.

Zwei Theologiestudenten, die vom Evangelium etwas begriffen haben, verlassen bei der Kommunion voll Zorn die Kirche und sagen: *Diese Menschen da teilen die Hostie, aber nicht das Leben!*

In der Stadt Luzern werden übers Wochenende fast rund um die Uhr gegen 100 Gottesdienste angeboten. Ich kann dorthin gehen, wann und wo es mir paßt. Der Service ist perfekt. Wo aber finde ich die Gemeinde, die mich auch im Alltag trägt?

Daß dem Christentum, vertreten durch die verschiedenen Kirchen, in der Gegenwart nur noch geringe Bedeutung zukommt, kann niemandem verborgen bleiben. Am heutigen Wettlauf der Systeme und Weltanschauungen sind die Kirchen nicht mehr beteiligt, vielleicht als Ambulanzwagen noch geduldet.

Der Wirtschaftswissenschaftler und Entwicklungspolitiker E. F. Schumacher sagt: «Unsere gegenwärtige soziale Ordnung macht uns krank. Wir steuern auf eine wirtschaftliche Katastrophe zu, wenn wir unser Sozialsystem nicht grundlegend umgestalten.» – Wir sagen: Die Sozialordnung in der Kirche ist krank. Das Christentum wird aus der Kirche auswandern, wenn wir unser Zusammenleben nicht grundlegend ändern.

Aus der Apostelgeschichte (4): Die Gemeinde der Gläubigen war *ein* Herz und *eine* Seele. Keiner nannte etwas von seiner Habe sein Eigentum, sondern sie hatten alles gemeinsam. Mit großer Kraft legten die Apostel Zeugnis ab von der Auferstehung des Herrn Jesus. Reiche Gnade ruhte auf allen. Es gab auch keinen unter ihnen, der Not litt. Denn alle, die Grundstücke und Häuser besaßen, verkauften ihren Besitz, brachten den Erlös und legten ihn den Aposteln zu Füßen. Jedem wurde davon zugeteilt, was er nötig hatte.

Wir stellen fest,
daß in diesem Jahrhundert nur der Marxismus die Gesellschaft verändert hat,

daß unsere Kirchen vielerorts ein bedeutungsloses Sonntagschristentum leben,
daß viele kritische Zeitgenossen Abstand nehmen von der Kirche.
Und wir? Was machen wir mit dem christlichen Salz? Haben wir eine christliche Alternative?

Aus dem Evangelium des Markus (10,17–22): Als Jesus aufbrechen wollte, lief ein Mann auf ihn zu, fiel auf die Knie und fragte ihn: Guter Meister, was muß ich tun, um das ewige Leben zu gewinnen? Jesus antwortete ihm: Warum nennst du mich gut? Niemand ist gut außer dem einen Gott. Du kennst doch die Gebote: Du sollst nicht töten, nicht die Ehe brechen, nicht stehlen, nicht falsch aussagen, nicht rauben; du sollst Vater und Mutter ehren. Er antwortete ihm: Meister, all diese Gebote habe ich von Jugend an gehalten. Da blickte ihn Jesus an und faßte Zuneigung zu ihm; er sagte: Eins fehlt dir noch. Geh, verkauf alles, was du hast, gib das Geld den Armen, und du wirst einen Schatz im Himmel haben; dann komm und folge mir nach! – Der Mann aber war über das Wort erschrocken und ging traurig weg, denn er hatte ein großes Vermögen.

Wer wünscht, daß das Christentum stirbt, wird sich dafür einsetzen, daß die Kirche bleibt, wie sie ist.
Wer dagegen überzeugt ist, daß christlicher Glaube noch eine Chance hat, wird selber mit anderen die ersten Schritte machen auf einem neuen, ungewissen Weg von der Volkskirche zu einer Kirche der Gemeinden. Norman Hepp

Darf ich schildern, was ich vor kurzem während eines Samstagabend-Gottesdienstes hier am Ort empfand? Ich betrat die Kirche ein paar Minuten vor Beginn des Gottesdienstes. Langsam füllte sich die Kirche zur Hälfte (nur die hintere Hälfte).

Dann begann der Gottesdienst in der üblichen Form. Begrüßung durch den Priester, ein paar Gebete werden so schnell wie möglich heruntergelesen, Orgelmusik, Lesung, Zwischengesang, Evangelium – dazu natürlich immer die üblichen Bewegungen mit knien, sitzen, aufstehen und so weiter...

Dann die Predigt mit sehr viel «Moralin», so daß kaum einer der Kirchenbesucher ohne schlechtes Gewissen verbleiben konnte. Das wäre das eine. Und das andere, das auch oft vorkommt, ist das Zurechtbiegen des Wortes Gottes nach Gutdünken des jeweiligen Predigers oder einer besonderen Situation, so daß am Schluß der Predigt vom wahren Wort Gottes nur noch recht wenig zu spüren ist.

Der Gottesdienst nahm seinen weiteren Verlauf in der gewohnten Form (und Unruhe). Als nach der Kommunion der Priester sich endlich für zwei Minuten setzte und diese Zeit dem stillen Gebet hätte dienen sollen, begann mein Banknachbar unruhig zu werden und alle paar Sekunden auf die Uhr zu schauen.

Sehr traurig habe ich die Kirche verlassen. Denn von wirklichem Gotteslob war kaum noch eine Spur zu finden. Ich möchte noch beifügen, daß es nicht das erstemal war, daß ich so traurig die Kirche verlassen habe. Ja, ich habe schon oft geweint. Warum wohl? Weil ich in der Kirche nicht das Gotteslob finde, so wie es sein sollte, und weil ich bei dieser Art von Gottesdienst keine Gemeinschaft finde, weil ich in Südamerika ein dynamisches Christentum (Basisgruppen) erlebt habe. Deshalb fällt es mir hier so schwer, in die Kirche zu gehen. Da ziehe ich mich lieber zurück und bete im stillen Kämmerlein.

Zum Glück gibt es alljährlich diese Tagung von Interteam mit einem Gottesdienst, wo man sich als Gemeinschaft erfahren kann. So bleibt doch immer noch ein Funke Hoffnung, daß die Kirche hier in unserem Land wieder einmal wird, was sie sein sollte.

Maria Kaufmann

Wohin wird der Weg führen?

Als wir noch weit auseinander wohnten, schrieben wir uns oft Briefe. Einige davon werden nachfolgend, zum Teil auszugsweise, wiedergegeben. Was damals eine Notlösung war, um den fehlenden Kontakt im Alltag zu kompensieren, erweist sich heute als wertvoller Einblick in die wichtige und spannende Phase der Gruppenbildung.

Liebe Freunde der Montag-Gruppe,
Pfingsten, der Geburtstag der Kirche, ist mir Anlaß, auf diese Weise mit Euch in Verbindung zu treten. Ich möchte Euch einladen, einen Augenblick innezuhalten auf dem Weg, auf den wir vor sieben Monaten aufgebrochen sind.
Pfingsten hat in der Welt- und Heilsgeschichte ohne Zweifel einen neuen Horizont aufgerissen und neue Maßstäbe gesetzt. Eine neuartige, intensive Erfahrung des Gottes-Geistes hat die ersten Christen aus den Höhlen ihrer Angst und aus den Burgen ihres Egoismus herausgerufen, ja sie «herausgeblasen» und sie zu einer Gemeinschaft geformt, zum neuen internationalen Volk Gottes. Nun ist die Kirche, die Gemeinschaft derer, die sich auf Geist und Programm Jesu einlassen, nicht ein für alle Male geboren. Weil sie keine natürliche Familie ist, sondern eine Nachfolge-Gemeinschaft, kann sie aus ihrer Berufung herausfallen. Sie kann sterben. Wir sind heute Zeugen eines solchen Sterbeprozesses. Wir sind aber auch Zeugen einer Neugeburt. Die Geburtsstunde einer neuen, erneuerten und geläuterten Kirche ist nicht mehr zu übersehen. Wir brauchen nur ein bißchen hellhörig die Ereignisse in der Weltkirche zu verfolgen. «Denkt nicht mehr an das Vergangene und achtet nicht auf das Vorige. Denn seht: Ich schaffe ein Neues, jetzt sproßt es auf! Merkt ihr es nicht?» (Jes 43,19) In der Taizé-Osterbotschaft 1970 heißt es: «Der auferstandene Christus bereitet uns einen Frühling der Kirche...»

Wir haben uns auf den Weg gemacht. Zwar wissen wir noch nicht recht, wohin er führt. Doch lassen wir uns überraschen. Wenn und solange wir uns der Führung des Geistes überlassen, brauchen wir uns deswegen keine Sorgen zu machen. «Darf der Ton sprechen zu seinem Bildner: ‹Was machst du?›» (Jes 45,9) «Ist der Töpfer nicht Herr über den Ton? Kann er nicht aus derselben Masse ein wertvolles und ein wertloses Gefäß herstellen?» (Röm 9,21) – Ob Ihm mit unserem «Ton» etwas Wertvolles gelingen wird?

Ich möchte Euch noch zwei kurze Texte mitgeben, die ein Stück weit auch auf uns zutreffen. Mir jedenfalls haben sie schon oft Mut gemacht. Kardinal J.H. Newman: «Es sind nicht die Riesen, die das meiste erreichen. Moses war allein; allein waren auch Elias, David, Paulus, Athanasius und Leo. Die Gnade wirkt stets durch die kleine Zahl. Scharfe Sicht, leidenschaftliche Überzeugung, der unbeugsame Entschluß einer kleinen Schar, das Blut der Martyrer, das Gebet der Heiligen, die heroische Tat, eine vorübergehende Krise, das sind die Werkzeuge des Himmels! Fürchte dich nicht, kleine Schar, denn mächtig ist jener, der in deiner Mitte weilt, und er wird Wunder wirken für dich.»

Dom Hélder Câmara: «Gott, der an alle denkt, beruft einige von ihnen. Diese bestimmt er, ins Dunkle hineinzuspringen, aufzubrechen, vorwärtszugehen. Er prüft sie durch schreckliche Opfer. Aber er hält sie aufrecht, er ermutigt sie... Er wirft sie auf den Weg, um die anderen, viele andere mitzuziehen. Er fordert von ihnen, Zeichen zu sein, wenn die Stunde der Prüfungen schlägt.»

Ich wünsche Euch ein unbequemes Pfingstfest, das heißt «auch eine harte Auseinandersetzung mit dem, den man in katholischer Sprache den Heiligen Geist nennt» (aus dem Brief eines Maturanden).

Mit herzlichen Grüßen,

Louis (Pfingsten 1979)

Dein letzter Satz anläßlich unseres Treffens hat in mir irgendwie gezündet: «Dann gründen wir eine eigene Basisgemeinde!» Während den Ferien, die ich zeitweilig zu Exerzitien gestaltete, bestärkte sich mein Entschluß, eine Basisgruppe Gleichgesinnter aufzubauen. Kein Sektierertum! Sie wäre im Prinzip jedem offen, der die christliche Brüderlichkeit sucht, das soziale Engagement, die Erfahrung mit Gott, und sehr ökumenisch ausgerichtet. Protestanten wären willkommen. Ich bin überzeugt, daß wir einen gemeinsamen Nenner finden würden. So etwas liegt in der Luft! Ich stellte mich zur Verfügung – ich würde jetzt schon Leute kennen, die dabei wären. Denken und beten wir darüber! Franz

Wenn in unseren Kirchen die Jugend fehlt (im Gegensatz zur Dritt-Welt-Erfahrung), dann fehlt mir etwas ganz Wesentliches: Die Zukunft, d.h. die Hoffnung, die Phantasie, die Kreativität, die Lebendigkeit, die Harmonie, der Glaube an das Wagnis und an das Gute.
In verschiedenen Gremien habe ich der hiesigen kirchlichen Situation zufolge meine brennendsten Fragen aufgeworfen:
– Können wir noch mit gutem Gewissen für Dritt-Welt-Einsätze werben, wenn unsere Kirchgemeinde den Zugang zur Jugend verloren hat?
– Dürfen wir noch mit ruhigem Gewissen um Priester- und Ordensberufe beten, wenn unsere Urzellen – die Familien – krank sind?
– Welche Einsatzmöglichkeiten bieten wir im «Missionsland» Schweiz an?
– Dürfen wir noch das Brot brechen, solange die Dritte Welt verhungert; Solange unsere Jugend das Brot – Lebenssinn – nicht mehr findet?
– Dürfen wir die Jugend untergehen lassen? Das wäre unser aller Untergang! Hat die Kirche – wir alle – da nicht eine Riesenverantwortung?
– Könnten etwas weniger Theologie doziert, weniger Reli-

gion gepredigt, dafür mehr Angebote an Glaubenserfahrung gemacht werden?
– Könnten in unseren Gottesdiensten vermehrt Gemeinschaft, Austausch und Freude erlebt werden?
Auch bei uns muß an der Basis gearbeitet werden, damit bald Veränderung geschieht. Lebendigen Glauben muß man untereinander zu spüren bekommen, damit er eine befreiende Botschaft wird in unseren konkreten Situationen des Alltags.
Mit diesen Wünschen und Grundsätzen bin ich im letzten Spätherbst auf eine Spur gestoßen – auf eine Gruppe junger Menschen zwischen 20 und 40 Jahren (Ledige, Familien, zwei Priester) –. Einige waren schon in einem Dritt-Welt-Einsatz. Begeistert von der dortigen Kirchenerfahrung und von der Menschlichkeit der Armen sind sie zurückgekehrt. Andere waren von der Basisarbeit motiviert, fanden sich in unserer Konsumgesellschaft und Beziehungslosigkeit aber nicht mehr ganz zurecht. Wieder andere waren zu einem einfacheren Lebensstil aufgebrochen und suchten Gleichgesinnte.
Von Anfang an war es eine große Hoffnung, die uns verband, aber auch die ähnliche Motivation und die Regelmäßigkeit der wöchentlichen Kontakte. Wir durchliefen natürlich auch die verschiedenen Phasen des Gruppenprozesses. Allmählich kristallisierte sich unser Ziel heraus, und wir einigten uns: «Reich Gottes, die neue Welt, soll unter uns Gestalt annehmen.» Es soll erlebbar, spürbar werden in unseren konkreten Situationen, damit wir die Erfahrungen miteinander austauschen können. Zum Aufbau unseres Wagnisses sahen wir uns um in Gruppen und Basisgemeindemodellen, die einer erlebt hatte oder um die er wußte. Natürlich kamen die lateinamerikanischen Modelle dran sowie die Integrierte Gemeinde München, die «lebendige Gemeinde» Christ-König in Eschborn bei Frankfurt, in Rom usw.

Inzwischen hat unsere Runde Schuppierungen durchgemacht. Sei es, weil einer in seiner Pfarrei vermehrt sich engagierte, sich mit Flüchtlingen in seinem Dorf beschäftigte oder sein Über-Engagement reduzieren mußte.
Aber wir machen weiter, auch wenn nur noch zwei wären. Das sagt uns die eigenartige Hoffnung, von der wir beseelt sind. Gottesreich braucht ja keine Massen, sondern Menschen guten Willens, die die Hoffnung nicht aufgeben, damit sie Ferment, Salz, Licht werden können. Wir können noch nicht viele Worte verlieren darüber, aber es gibt Spuren von Zeichen, daß Gott mit uns geht: unendliche Hoffnung und stille Gewißheit; wertvolle Gespräche und Begegnungen, Aufmerksamkeiten; wachsendes Vertrauen und Mitverantwortungsgefühl; Verlust und Zuwachs; konkrete Aufgaben, Herausforderungen, Prüfsteinchen; offene Wohnungen; Wunsch nach Stille und Gebet, Eucharistie.
Daß lebendiger Glaube immer ein Wagnis sein wird, erleben wir in unserem Suchprozeß. Dies bringt mich auf folgende Schlußfolgerung: Das Reich Gottes ist eine Werkstatt und kein Museum; eine Werkstatt, wo jeder sein ureigenes Sein einsetzen kann, wo aber alle sich nach dem gleichen Handbuch orientieren. Daß so viele andere auch am gleichen Strick ziehen, macht aus, daß die Hoffnung nicht stirbt, nie!

Claire

Distanz und Neueinstieg

«Pausieren» entwickelte sich in den ersten Jahren der Gruppenfindung zu einem gefürchteten Wort. Bei einigen signalisierte es den Anfang des endgültigen Aussteigens aus der Gruppe. Daß eine zeitliche Absenz auch zu Klärung und überzeugtem Neueinstieg führen kann, zeigt dieser Brief von Anfang 1982.

Meine lieben Freunde in der Basisgruppe,

an Pfingsten 1981 gabt Ihr mir die Freiheit des Pausierens, um die ich Euch bat. Dann folgte vom Oktober bis Ende 1981 ein teilweises Pausieren, und nach meinen jetzigen, verlängerten Ferien werde ich wieder ganz und ganzheitlich Mitglied der Basisgruppe sein.
Meine vorübergehende Absenz sehe ich nach wie vor als richtigen Entscheid. Ihr wißt, mindestens andeutungsweise, um meine persönlich recht schwierige und schmerzliche Phase des vergangenen Jahres. Distanz von der Gruppe, von vielen und vielem war richtig. Die Entlastung von Verpflichtungen nach außen gab mir die so not-wendigen Kräfte für ein Engagement nach innen. Ich danke Euch herzlich, daß Ihr mich in dieser Phase ertragen und mitgetragen habt, daß Ihr Anteil nahmt, ohne Rechenschaft zu fordern. Die Freiheit, die Ihr mir gabt, habe ich als wichtige Haltung einer Gruppe erfahren, die sie jederzeit jedem gegenüber leben soll, damit Gemeinschaft wachsen kann. Wir sind ja nur so weit gemeinschaftsfähig, als wir fähig sind, auch als Einzelmenschen möglichst ganzheitlich zu leben. Diese Ganzheitlichkeit fordert immer wieder im Leben Zeiten der Besinnung, des In-sich-Gehens.
Der Weg hin zu einer Basisgruppe war für mich schon lange vorgezeichnet. Die Ereignisse innerhalb der Montag-Gruppe und in mir selbst haben mich in meiner Pausierphase zu einem ganzen Ja zu *unserer* Gruppe geführt. Ich freue mich, wieder mit-träumen und mit-tragen, mit-fragen (!) und mitwagen zu können.
Mit-tragen und mit-fragen sind nicht einfach ein Wortspiel, sondern weisen für mich auf eine Wirklichkeit hin. Wir sind ja nach dreijährigem Weg an der erfreulichen Wegkreuzung, die einige von uns zu einem örtlichen Zusammenrücken führt. Ich bin überzeugt, daß damit unserer Gruppe neue Gaben und Aufgaben zufallen. Das Leben wird nicht leich-

ter, aber intensiver und ganzheitlicher. Wir werden mehr denn je gruppenintern und gegen außen gefordert sein. Was wäre ein Christenleben ohne Wagnis? Und da wir aus menschlicher Solidarität und aus dem Glauben an die Führung des Geistes Gottes uns auf dieses Wagnis einlassen, sind mir zwei Grundpfeiler für unser Sein und Tun wichtig:

Gegenseitiges Offensein: Seit Jahren tragen wir dieses Anliegen mit uns herum. Viel Offenheit ist schon gewachsen, viel kann noch wachsen. Ich meine mit Offenheit nicht ein wahlloses Herumbieten von seelischen Vorgängen. Ich meine damit ein aktives Zuhören; fragen statt urteilen, im rechten Moment reden und schweigen können, mich selbst in Frage stellen und stellen lassen. Ich habe oft in unserer Gruppe an vorschnellen Urteilen und mangelndem Wahrnehmungsvermögen gelitten. Vielleicht ist dieses Leiden nie ganz auszuschalten; vielleicht trage ich selber zu Mißverständnissen und Blockierungen bei. Offensein hat mit innerer Reife und Freiheit zu tun. Dazu sind wir ja unterwegs...

Offensein für Gott: dieses Anliegen hat uns ja eigentlich zusammengeführt. Wir haben zusammen gebetet, zusammen Gottesdienste gefeiert, und doch wird es eine Lebens- und Gemeinschaftsaufgabe bleiben, Gott und seinen menschgewordenen Sohn Jesus zu suchen, mit unseren Sinnen und unserem Geist wahr-zunehmen. Jedes von uns bringt je verschiedene Kenntnisse über und Erfahrungen mit Gott mit. Es gibt wohl kaum etwas Subtileres, Umwälzenderes, Beglückenderes, als diesem Gott «auf die Spur zu kommen, seinen Strom abzunehmen und auf seiner Spur weiterzufahren». Ob wir das nun theologische Weiterbildung, gemeinsames Beten und Schweigen, Feiern und Teilen nennen, ist relativ unwichtig. Wichtig scheint mir, daß wir uns im Aufmerken auf das Wirken des Geistes in uns und um uns (Quartier, Gemeinde usw.) üben, einander anstecken: anstecken, damit der Strom weiterzündet! Monika

Der Schritt in die Öffentlichkeit

Von Anfang an war es uns klar, daß eine Basisgemeinde kein «Ofen sein darf, der nur sich selbst heizt» (Karl Rahner). Der Schritt in die Öffentlichkeit war und ist uns ein dauernder Stachel. Erste Erfahrungen machten wir 1982.

Einen Schwerpunkt der Aktivität unserer Basisgruppe nach außen bildete die Gestaltung des zweiten Jahrestages der Ermordung von Erzbischof Romero von El Salvador. Wir wollten diesmal den 24. März nicht schweigend und mit den Händen in den Hosentaschen verstreichen lassen wie letztes Jahr. Zusammen mit der «Theologischen Bewegung für eine solidarische Entwicklung» und dem Nicaragua/El Salvador-Komitee von Luzern luden wir Ende Februar alle Dritt-Welt- und Missionsgruppen im Raum Luzern zur gemeinsamen Planung eines Salvador-Gedenktages ein. Obwohl das Echo schwach und die Zahl der aktiven Mitträger relativ klein war, wagten wir die Aktion.

Wir verteilten 16500 Flugblätter – als Denk-Zettel verfaßt – in den Pfarreien von Stadt und Agglomeration sowie «auf den Straßen und Plätzen». Damit luden wir zur aktiven Solidarität mit dem leidenden Volk und unseren Glaubensbrüdern von El Salvador ein. Am Nachmittag des 24. März demonstrierten wir an der Reuss für El Salvador: schweigend, mit stündlich vorgetragenen Texten aus Ansprachen von Romero sowie mit vermummten Gestalten, die Zitate ermordeter Priester vor sich hertrugen. Plakatwände mit Fakten und Fotos rund um El Salvador sowie ein Schriftenstand lenkten die Aufmerksamkeit vieler Passanten auf unser Anliegen.

Eindrücklich war der Gedenk-Gottesdienst am Abend im Pfarreiheim St. Karl. Monika und Berti aus unserer Gruppe (es leben die neuen Frauen-Ämter in der Kirche!) leiteten ihn, die Gruppe von Jojo spielte südamerikanische Musik,

Herr Nova aus El Salvador pries in einem Gedicht Erzbischof Romero, Padre Arango aus Kolumbien stand der Eucharistie vor.
Hat sich der Aufwand (er war groß!) gelohnt? Die Wirkung nach außen läßt sich nicht messen. Als Gruppe aber sind wir um ein paar Erfahrungen reicher geworden, vor allem um diese: wie schwer es ist, aber auch wie gut es uns tut, für die Schwächeren und Armen auch im «rauhen Wind» der Öffentlichkeit Partei zu ergreifen. Der Schritt in die Öffentlichkeit gehört notwendig zum Leben unserer Basisgruppe.

Nach Gottes Bauplan

Durch den ersten Umzug in ein Krienser Quartier (Oktober 1982) war eine erste Etappe des Gruppenweges abgeschlossen. In vielem aber mußten wir wieder von vorne anfangen. Wir versuchten, Wurzeln zu schlagen.

Mit dem Umzug nach Kriens ist ein lang angestrebtes Etappenziel erreicht. Ich bin dankbar und froh. Das Fundament hält. Nun gilt es, darauf zu bauen. Es ist für mich ein Bauen zu Nelli und Cornelia hin und mit ihnen zusammen ein Bauen an der größeren Gruppengemeinschaft. Dazu brauche ich viel Zeit und viele Kontakte. Ich spüre, daß dies neben dem hundertprozentigen Berufspensum und den noch vielen andern Kontakten nicht leicht ist. Die tragenden seelischen und körperlichen Grundkräfte, die ich über lange Zeit vermißte, sind am Wachsen, aber sie sind noch immer nicht in Überfülle da!
Zurück zum Bild des Bauens: Mich dünkt, jedes baut an einem Pfeiler, aber die Gesamtarchitektur ist noch nicht erkennbar. Das bedeutet für mich Spannung und Zuversicht. – Mich freut's, daß uns «unser Bauherr» mehr und mehr bedeutet, d.h., daß wir nach Gott und seinem Bauplan suchen.

Das heißt im Klartext:
- Wünsche, Grenzen, Erwartungen (auch nicht erfüllte) einander offen mitteilen.
- Zukunftsvisionen, idealistische und realistische, austauschen.
- Gruppenführung klar skizzieren. Gruppengröße besprechen (im Hinblick auf Interessenten).
- Regelmäßige Meditationszeiten/orte (beten, schweigen, singen, austauschen usw.) versuchen, z.B. in einer Wohnung der Ledigen, einmal pro Woche; dies als freies Angebot.
- In Quartiergottesdiensten mitmachen und je nachdem später mitgestalten und ausweiten.
- Über eine gewisse Zeit unsere Umwelt bewußt wahrnehmen (Block, Quartier, Gäste, die uns aufsuchen), hinterfragen, kontaktieren (= Situationsanalyse).
- Zu Beginn des nächsten Jahres die Rolle unserer Gruppe oder einzelner Mitglieder in unserem Umfeld miteinander besprechen.

Monika

Die letzten viereinhalb Jahre verbrachten wir als Entwicklungshelfer in Brasilien, wo wir den Aufbau einiger Basisgemeinden aus der Nähe mitverfolgten und sogar ein bißchen mitwirken durften. Deshalb sind wir besonders glücklich, daß sich Freunde auch in der Schweiz schon vor längerer Zeit auf die Suche nach einem radikaler gelebten Christentum machten und wir uns ihnen anschließen durften. Zwei Wochen nach unserer Ankunft konnten wir bereits in unsere eigenen vier Wände ziehen, weil Berti, Heiri und Louis in weiser Voraussicht eine Wohnung suchten und auch gleich den Vertrag unterzeichneten. Auch beim Umzug griffen sie tatkräftig zu, so daß wir uns – umgeben von vertrauten und verständigen Menschen – bald heimisch fühlten, wenn auch die «Saudade», das Heimweh nach Brasilien, hin und wieder hochkommt. Das Mitwirken in der Basisgruppe Kriens bedeutet uns viel und gibt uns Auftrieb.

Urs und Blandina

Pfingsten, das Fest der Basisgemeinschaft

Zunächst ein Brief, geschrieben aus der Erfahrung eines intensiven Pfingstfestes in der Gemeinschaft. An Pfingsten 1984 hielten wir nach einem fünfjährigen Weg zum erstenmal schriftlich fest, wie wir uns als Basisgruppe verstehen. Diese Selbstdarstellung (nach dem Brief ein Teil daraus) verfaßten wir nicht zu «Werbezwecken». Sie war die Frucht einer längeren Identitätskrise und vieler – auch mühsamer – Gespräche.

Liebe Freundinnen und Freunde in der Basisgruppe,
es ist Pfingstmontag-Abend. Ich sitze Pfeife rauchend auf dem Balkon. Meine Gedanken und Gefühle gehen nochmals unsere gemeinsamen Tage durch. Ein paar Erfahrungen möchte ich gerne festhalten und sie Euch mitteilen, ehe der Werktag sie wieder auffrißt.
Die Pfingsttage mit Euch zusammen leben in mir weiter. Es ist ein dichtes Gefühl. Es waren gute Tage. Die Müdigkeit, die jetzt in mir drin nistet, macht mich nicht schwer. Sie stimmt mich zufrieden. Das deutet darauf hin, daß ich gelebt habe. Seit meinen paar einsamen Tagen auf der Rigi weiß ich, daß ich für mich allein nur ein halber Mensch bin. Ich fühlte mich dort tatsächlich teilweise halbiert, ohne Gegenüber. Ich brauche Eure Herausforderung, Eure Geistesgaben, Eure Initiative, Eure Phantasie, Euer In-Frage-Stellen, aber auch Eure Zuwendung und Euren Glauben. Auch Euer Leiden brauche ich (obwohl ich es gelegentlich fürchte und ihm ausweichen möchte), Eure Ängste, Euren Kleinmut. All das hatte Platz in diesen Tagen. Und ich muß Euch und mir sagen: Wir sind daran, eine Gemeinschaft zu werden, eine Gemeinschaft, die das Leben, wie es eben ist, zuläßt. Für mich sind ein paar Barrieren gefallen. Ich habe Euch und mich mutiger erlebt als auch schon, offener als auch schon, glaubender als auch schon.
Beim Gespräch am Pfingstabend, in dem es um die weiteren

Schritte ging, hatte ich eine Vision: Ich sah Hunderte, Tausende solcher Gruppen. Ich sah Christen, die sich auf das Experiment solcher verbindlicher Gemeinschaft einlassen. Ich sah viele Menschen – teilweise mit bekannten Gesichtern –, irgendwo verstreut und zerstreut, die für sich allein bereits aufgebrochen sind, aber die Gemeinschaft, die sie suchen, noch nicht sehen. Ich sah plötzlich, wie wichtig es ist, daß wir unserem Weg, auf den Gott und unsere Unruhe uns geführt haben, treu bleiben. Treu nicht nur für uns (obwohl wir einander immer wichtiger werden), treu vor allem auch im Hinblick auf andere, die vielleicht auf uns schauen und einen ähnlichen Weg gehen möchten, ihn aber noch nicht konkret sehen.

Noch ein anderer Gedanke bewegt mich. Im Pfingstbericht der Apostelgeschichte ist die Rede von einer großen Begeisterung. War an *unserem* Fest Begeisterung zu spüren? Mich wenigstens empfand ich nicht begeistert. Doch das Wort «Begeisterung», wie man es gemeinhin auffaßt, täuscht. Begeisterung im religiösen Sinn hat zunächst nichts mit Enthusiasmus, Zungenreden, festlich-rauschender Stimmung zu tun. Begeisterung kann etwas sehr Nüchternes sein. Die Bibel redet von einer «nüchternen Trunkenheit». Trunken sein – und doch nüchtern bleiben! Oder auch umgekehrt. – Sind wir nicht trunken von einer Vision, einer Hoffnung, trunken vom Traum Gottes von seiner Welt? In diesem Sinn habe ich uns alle als begeistert erlebt und doch sehr nüchtern, erfüllt vom unbeirrten Willen, auf dem Weg zur Gemeinde weiterzuschreiten, offen, uns der unsichtbaren Führung des Geistes zu überlassen, auch wenn wir nicht wissen, wohin er uns führt. Solche Be-Geist-erung kann sehr nüchtern sein, gelegentlich mühsam, zu Zeiten sogar eine Last (Gottes Geist kann auch schwer auf den Menschen lasten, denken wir an den Propheten Jeremias, der sich gegen seine Berufung wehrte: «Ach Herr, ich kann ja nicht reden, ich bin noch so jung!»).

Noch etwas, das mir in diesen Tagen oft durch den Kopf gegangen ist. Wir möchten einander vertrauen. Wir möchten eine Vertrauens-Gemeinschaft werden. Wir spüren aber, daß Vertrauen nicht leicht ist, daß das Mißtrauen bei allem Bemühen doch immer wieder mitmischt. Ich glaube, daß Vertrauen zueinander in einem letzten Sinne nur möglich ist im Glauben. Konkret: Vertrauen zueinander ist nur möglich, wenn ich das Vertrauen, das Gott in mich setzt (und er tut es, denn er ist Liebe, Zuwendung, Bejahung par excellence), annehme, es mir buchstäblich gefallen lasse. Wenn ich es annehme, dann stehe ich im Glauben. Und dann fallen auch viele Ängste voreinander, auch vor der eigenen chaotischen Tiefe. Wenn Gott Ja zu mir sagt, wie und wer immer ich bin; wenn er um mein Vertrauen wirbt mit allen Mitteln, die seine schöpferische Phantasie erfinden konnte (denken wir an den Reichtum der Natur – jede Blume ist eine Liebeserklärung Gottes), und wenn dieses sein Vertrauen in mich das ist, was ich zutiefst brauche, wenn ich frei werden will – wie sollte ich mich dann nicht mit all meinen Grenzen, auch mit meinem Unglauben und meinen Ängsten in diese offenen Arme hineinwerfen?
Der Akt des Glaubens ist ein Akt des Vertrauens, des Fallen-Lassens und Los-Lassens. In solchem Glaubensakt sehe ich den Beginn und den Grundstock jeder Gemeinde. Denn erst dann kann ich mich ohne Angst auf den Bruder und die Schwester hin öffnen. Ich weiß dann: Ich bin getragen, und Du bist getragen. Ich *darf* sein. Ich darf sogar meine Schwächen und Müdigkeiten haben, meine Grenzen und Nöte, ja, sogar Schuld und Versagen haben Platz. Vor Gott muß ich nicht imponieren. Wenn ich es vor ihm nicht muß, dann auch nicht vor meinen Mitmenschen. Was meint Ihr: Pflegen wir diese Dimension des Glaubens genug? Sind wir als Gruppe genügend durchdrungen vom Wissen, von der Gewißheit: Es gibt Einen, der uns alle liebt. Weil er uns liebt,

darum sind wir. Und weil er jeden von uns liebt, darum dürfen und können wir aufeinander zugehen und gemeinsam – als Gemeinde – auf diese Liebe antworten. Und was tut ein Verliebter nicht alles für seine Geliebte! Eine leise Anfrage: Gleichen wir einer Geliebten, die sich schön macht für ihren Geliebten? (Wie oft wird in der Schrift das Volk Gottes mit einer Braut verglichen, um die Gott mit aller Zärtlichkeit wirbt!)

Dies sind ein paar Gedanken, die das Pfingstfest in mir ausgelöst hat. Gerne würde ich jetzt in Euer Herz hineingukken, um zu sehen, wie es in Euch weiterlebt.

Ich grüße Euch herzlich, Louis

Was wollen wir?

– Als Gemeinschaft möchten wir Glauben und Hoffnung für uns und andere erfahrbar machen. Wir wünschen eine Atmosphäre der Geborgenheit und des Vertrauens, in der jeder er selber sein kann und die Spontaneität wächst. Wir möchten einander helfen, den innern Frieden zu finden, gegenseitige Grenzen und Schwächen zu ertragen und einander in schwierigen Lebensphasen zu begleiten.

– Wir wollen Christus besser kennenlernen – vor allem durch Meditation der Bibel – und seine Botschaft der Befreiung unter uns verwirklichen.

– Wir trachten danach, unser Leben im Alltag miteinander zu teilen, so daß wir zu einer großen Familie mit verschiedenen Talenten werden. Wir wünschen, den Kindern nahe zu sein, und sorgen uns gemeinsam um ihre Entwicklung.

– Wir wollen nach außen offen sein: zunächst für die Mitmenschen im Quartier und in der Pfarrei. Wir möchten andere Christen ermuntern, einen ähnlichen Weg zu gehen. Im größeren Rahmen wollen wir auch gesellschaftspolitisch aktiv sein für den Frieden, die Solidarität unter den Völkern und für eine gesunde Umwelt. Unsere Dritte-Welt-Erfahrungen bieten da gute Ansatzpunkte. Wir suchen nach einer glaubwürdigen Kirche: nach einer christlichen Gemeinschaft, die miteinander auf dem Weg ist.

Heiliger Geist,
wenn du in unserer Gemeinschaft wirkst,
gleichst du einem Orgelbauer.
Du formst verschiedene Pfeifen in allen Tonlagen.
Jeder von uns soll eine Pfeife werden im ganzen Orgelwerk.
Noch bist du am arbeiten.
Noch fehlen verschiedene Pfeifen,
noch stimmen die bereits geformten noch zu wenig
aufeinander.
Doch versuchst du jetzt schon zu spielen.
Du stimmst die Pfeifen aufeinander ab,
nimmst hier etwas weg und fügst dort etwas hinzu.

Heiliger Geist,
da die Pfeifen deiner Orgel nicht einfach aus Materie
bestehen, sondern Menschen sind,
die sich deinem formenden Zugriff entziehen, die sich
wehren können,
darum hast du es nicht so einfach.
Laß uns darum zwischendurch die Musik hören,
die du auf uns spielen kannst,
damit wir uns deiner Künstlerhand besser und williger
fügen.
Dann wird es uns leichter fallen einzuwilligen,
daß wir miteinander und mit vielen andern
zu einer großen, schönen und vollklingenden Orgel werden
dürfen.
Und die Welt wird sich von deiner Musik angezogen fühlen
und sich freuen.
Amen.

Integration in eine Ortsgemeinde

Als wir noch über die ganze Agglomeration von Luzern und darüber hinaus zerstreut wohnten, gehörten wir zu verschiedenen Pfarreien. Die gemeinsame Idee, der wir wie einem Stern folgten, und die gemeinsamen Montag-Abende hielten uns zusammen. So richtig Wurzeln fassen aber konnten wir erst, als wir – nach zweimaligem Umziehen innerhalb von zwei Jahren – in der noch jungen Franziskus-Pfarrei in Kriens den richtigen sozialen Rahmen und Wurzelboden gefunden hatten.

Es ist uns ein wichtiges Anliegen, zu einer Ortsgemeinde zu gehören. Allerdings verstehen wir uns nicht einfach als Pfarrgruppe. Unser Bestreben ist es nicht, den Veranstaltungskalender einer Pfarrei um einige attraktive Angebote zu bereichern. Wir verstehen uns vielmehr als Zelle innerhalb einer Gemeinde, als «Gemeinde in der Gemeinde», wie es auch dem pastoralen Konzept des Seelsorge-Teams der Franziskus-Pfarrei entspricht, zu der wir seit Herbst 1983 gehören. Wir freuen uns, hier ein Seelsorge-Team angetroffen zu haben, das die Erneuerung der Kirche ähnlich sieht wie wir, nämlich in der Bildung von lebendigen, geschwisterlichen Gemeinschaften. Da die Mehrheit der Gruppenmitglieder einen persönlichen Bezug zur Dritten Welt hat, glauben wir, daß das besondere Charisma unserer Gemeinschaft darin besteht, die Stimme der armen Völker und der jungen Kirchen in unserer Umgebung und unserer Pfarrei zu verstärken.
Welchen Einfluß unsere Präsenz auf die Pfarrei hat, beschreibt Pfarrer Benno Mattmann: «In der kurzen Zeit, da die Basisgruppe in unserer Pfarrei wohnt, durfte ich die Feststellung machen, wie befruchtend der Einfluß einer so verbindlichen Gruppe auf das Pfarrleben sein kann. Ich habe den Eindruck, einige Gemeindemitglieder beginnen zu spüren, daß tragfähiges Gemeindeleben nicht organisiert werden kann, sondern daß es von unten wachsen muß, in

Gruppen und Kreisen, die von der Sehnsucht nach einem neuen, ganzheitlichen Leben gepackt sind.»
Im Herbst 1984 nahmen wir unsere frühere, für zwei Jahre unterbrochene Tradition eines monatlichen gemeinsamen Gottesdienstes wieder auf. Nachfolgend der Einladungsbrief an Freunde und Interessierte.

Liebe Freunde,
wir sind uns auf irgendeine Weise schon einmal begegnet oder haben voneinander gehört. Vielleicht haben sich unsere Wege gekreuzt auf der Suche nach lebendiger Kirche, nach verbindlicher Gemeinschaft als Christen, nach Einheit von Leben und Glauben. Vielleicht verfolgt Ihr unser Suchen in Richtung «Basisgemeinde» einfach aus Neugierde, Interesse oder Sympathie.
Der kürzlich verstorbene Theologe *Karl Rahner* hat schon anfangs der 70er Jahre geschrieben: *«Die Kirche der Zukunft wird eine Kirche sein, die sich von unten her durch Basisgemeinden freier Initiative und Assoziation aufbaut. Wir sollten alles tun, um diese Entwicklung nicht zu unterbinden, sondern zu fördern und sie in die richtigen Bahnen zu lenken.» (Strukturwandel der Kirche als Aufgabe und Chance, 115.)*
Seit rund sechs Jahren hat diese Idee in einigen von uns Wurzeln geschlagen. Wir haben uns auf den Weg gemacht und können bereits auf eine wechselvolle Geschichte zurückblicken. Und doch stehen wir immer noch am Anfang. Seit einem Jahr hat unsere Basisgemeinschaft in Kriens ein geografisches Zentrum und in der Franziskus-Pfarrei einen menschlich-geistlichen Ort gefunden, wo «basisgemeindlich orientiertes Kirche-Sein», wie es uns vorschwebt, sich entfalten kann. Daher möchten wir jetzt mit Menschen, die in ähnlicher Richtung suchen, wieder vermehrt in einen lebendigen und befruchtenden Austausch kommen. Wir möchten daher die gemeinsamen *Gottesdienste,* zu denen wir bereits vor drei Jahren eingeladen haben, wieder aufnehmen.

Wir werden die Gottesdienste (Eucharistiefeiern) in freier, kreativer Art gestalten. Es sollen ja unser Leben, unsere Welt, unser Suchen zur Sprache kommen – aber auch die Herausforderung unserer kranken Gesellschaft an die Kirche und das Lösungsangebot Gottes.

Wie die Jünger von Emmaus

Auch wir sind auf dem Weg nach Emmaus. Blandina versuchte den Lukas-Text (Lk 24,13–35) für den Gottesdienst vom April 1985 für unseren Gruppenweg zu aktualisieren. Unsere Erfahrung: Auf dem Hintergrund unseres gemeinsamen Weges beginnt die Bibel zu leben.

Eines Tages trafen sich ein paar ehemalige Entwicklungshelfer. Sie sprachen von dem, was mit ihnen während ihres Aufenthaltes in der Dritten Welt geschehen war. Vom wichtigen Platz, den der Glaube im Leben jener Völker einnimmt und von der spontanen, lebendigen Kirche war die Rede. Während sie hin und her überlegten und Erinnerungen austauschten, wurden sie traurig. Sie vermißten vieles in ihrer Heimat und litten an ihrer Kirche.
Da kam noch einer hinzu und fragte: «Worüber redet ihr denn so eifrig?» – «Weißt du nicht, wie es um die Kirche hierzulande steht?» antworteten sie. «Wir glaubten, sie sei das Salz der Erde, der Sauerteig, der die Masse durchsäuert! Aber Sattheit und Wohlstand haben sie zum Tode verurteilt und ans Kreuz geschlagen. Wir aber hatten gehofft, sie zeige uns Wege der Befreiung.»
Da verwies er sie auf die Bibel. «Habt ihr vergessen, welche Kraft und Begeisterung in den ersten christlichen Gemeinden steckte, wie stark ihre Ausstrahlung auf die Umgebung war? Was nützen uns Klagen über die heutige Kirche? Besinnen wir uns auf ihre Anfänge zurück! Leisten auch wir

einen Beitrag zur Reform. Fangen wir an, Kirche zu sein und zu leben!»

Sie begannen sich wöchentlich einmal zu treffen, und teilten Freuden und Sorgen miteinander. Viele Fragen, Zweifel und Not kamen zum Vorschein. Sie lernten Spannungen zu ertragen, Konflikte zu bewältigen, aber auch Hilfe und Geborgenheit zu geben und anzunehmen...

Schließlich zogen ein paar von ihnen in ein Quartier in Kriens. So konnten sie den Alltag besser teilen, öfters miteinander essen, einander näher sein. Bei ihren Zusammenkünften und an Festtagen teilten sie nicht nur Höhen und Tiefen des Lebens. Als Zeichen ihrer Verbundenheit nahmen sie Brot, sprachen den Segen, brachen und verteilten es. Dabei erkannten sie IHN. Dann aber war er wieder nicht mehr zu sehen. Die Ungewißheit kehrte zurück. Und doch sagten sie zueinander: «Brannte nicht unser Herz, als wir Mahlgemeinschaft hielten?»

Sie erzählten ihren Freunden, was sie erlebten, und versammelten sich einmal im Monat in der Franziskus-Pfarrei, um in einem Gottesdienst mit mehr Menschen darüber nachzudenken, was KIRCHE hier und jetzt bedeuten könnte.

Wie erlebt die Familie das Gruppenleben?

Welchen Stellenwert hat die Basisgruppe für unsere drei Familien? Ein Elternpaar, das zwei kleine Kinder hat, beantwortet diese Frage aus seiner persönlichen Sicht. – Eine junge Familie kam im Herbst 1985 neu zur Gruppe. Nach einem halben Jahr zieht sie im Januar 1986 eine erste Zwischenbilanz.

Wir wissen, daß wir zu einem größeren Kreis gehören, nicht nur zu einer enggefaßten Familie. Und das ist im Alltag spürbar, in kleinen Dienstleistungen wie Kinderhüten, Kochen, Einkaufen, Ausleihen von Gegenständen oder prakti-

schen Ratschlägen. Die Menschen, mit denen wir unsere Freuden und Sorgen teilen können, sind in der Nähe. Wir müssen nicht weit wegfahren oder Briefe schreiben. Als Mutter und Frau, die ans Heim gebunden ist, fühle ich mich trotzdem nicht so allein.
Wir fühlen uns besonders bereichert, daß wir mit anderen unsere Gedanken austauschen können. Wir lernen dadurch, einander langsam zu verstehen, Spannungen zu verarbeiten, tolerant zu sein und die anderen zu akzeptieren, wie sie sind. Durch die Basisgruppe fühlen wir uns mehr sensibilisiert für einsame und leidende Menschen.
Für die Kinder ist es schön, daß sie gute Beziehungen zu anderen Kindern und Erwachsenen bekommen. Sie spüren in der Basisgruppe eine Gemeinsamkeit im Alltag, im gemeinsamen Essen, an besonderen Tagen wie Weihnachten, Fasnacht, Pfingsten, Nikolaustag usw. Wenn das Ehepaar die Möglichkeit hat, sich in der Gruppe zu entwickeln, spüren das auch die Kinder.
Durch Meditation und Gespräche wird das innere, geistige Leben entfaltet. Wir üben nicht nur Aktivitäten aus, sondern die ganze Familie beschreitet einen Lebensweg.
Wir erlebten das Wohlwollen der Basisgruppe besonders stark nach der Geburt des zweiten Kindes, als Theresia mehrere Wochen in der Intensivstation lag. – Während dem schwierigen Wechsel meines Lebensstandes und in der Suche nach einer neuen Existenz stärkte mich die bejahende, freundschaftliche Haltung der Gruppe.
Das Wichtigste: In der Gruppe erleben wir so viel Wohlwollen, daß der Glaube an den Menschen, die Menschheit erhalten bleibt. Man lernt, die Menschen zu lieben.

Theresia und Franz

Wir sind eine junge Familie mit drei Kindern, einem guten Einkommen, einem Häuschen und vielen Hobbies. Um glücklich zu sein, sollte uns eigentlich nichts fehlen.

Trotzdem waren wir mit diesem problemlosen Leben irgendwie nicht ausgefüllt. Wir vermißten Menschen, denen ebenfalls die Probleme unserer Welt, besonders unseres Lebensstils nicht gleichgültig waren. Alleine etwas ändern zu wollen, erwies sich als sehr schwer, fast unmöglich. Wir glauben, daß in Solidarität und gemeinsamem Mittragen, im Mitleiden und Mithelfen unser Lebensweg einen Sinn bekommt. Darum schlossen wir uns versuchshalber der Gruppe an.

Uns beiden gingen ungeahnte Dimensionen auf: Die wöchentlichen Zusammenkünfte mit Gesprächen, Meditationen und Gebeten, mit dem gemeinsamen Lesen und Deuten der Bibel bewirkten und bewirken, daß wir uns tiefer und bewußter mit dem Sinn des Lebens befassen. Daraus versuchen wir gemeinsame Konsequenzen zu ziehen, z. B. einfacheren Lebensstil ohne Fleisch, weniger Luxusartikel (Ausnahmen machen wir, aber bewußt), Teilen des Autos mit andern Familien, gemeinsame Mahlzeiten und Feiern, den andern entlasten mit Kinderhüten, Einspringen bei Notfällen usw.

Wir beide lernten, Prioritäten zu setzen. Einiges Liebgewordene konnten wir aufgeben, Wichtigeres gewannen wir dazu, vor allem neue Beziehungen zu Menschen, welche uns als Familie ganz akzeptieren (auch die Kinder!).

Es gibt natürlich auch Konflikte. Es ist beglückend zu erfahren, wie diese mit der Gruppe und in der Gruppe zur Sprache kommen und wie gemeinsam ein Lösungsweg gesucht wird. So merken auch unsere Kinder, wie man Streit bewältigen kann. Reden miteinander, aufeinander zugehen, verzeihen, neu beginnen sind reale Erfahrungen – und für uns sehr wichtige.

Unser Alltag hat sich geändert. Wir machen hier und da eine Pause zum Überlegen. Wir akzeptieren nicht mehr alles, nur weil es konform ist: zuerst in Frage stellen, nach Antworten suchen, sich entscheiden! Dieser Weg ist auf-

wendiger, kann schmerzlicher sein, unbequemer. Aber wir sind nachher überzeugter. Wir können unser Leben eher verantworten als früher.
Die Investition in unsere Gruppe ist nicht klein, doch der «Gewinn» macht uns «reich» und glücklich.

Monika und Yvo

Basisgruppe Luzern

«Seit längerer Zeit empfinden wir die Notwendigkeit, uns häufiger zu treffen, weil wir Christen sind und denken, daß Christsein heißt, zu einer Familie, zu einer Gemeinschaft zu gehören.» Diese Worte stammen von Christen aus dem peruanischen Hochland. Doch es könnten ebensogut Worte von Christen aus Europa sein. Die Sehnsucht, einen Weg gemeinsam zu gehen, Geschwisterlichkeit zu leben, echte Tischgemeinschaft und Hilfe zu erfahren, ist auch bei uns groß.

Auch ich suchte, vom Land in die Stadt gezogen, nach einer Beheimatung in der Pfarrei. Durch meine Organistentätigkeit in einem Seelsorgebezirk unserer Pfarrei lernte ich bald Menschen kennen, die nicht nur den Sonntagsgottesdienst suchten, sondern auch eine christliche Gemeinschaft. Unser Seelsorger kannte von Hausbesuchen verschiedene Menschen, die ihrem Christsein noch mehr Ausdruck verleihen möchten, als dies im sonntäglichen Nebeneinander des Gottesdienstes möglich war. Er wirkte als «Animator» und brachte uns zusammen.
Wir waren acht Menschen, sieben Erwachsene und ein Kind, ganz verschieden, einander noch fremd und doch verbunden in der gemeinsamen Grundlage des Glaubens.

Was wollen wir?

Welche Erwartungen hatten wir mitgebracht, welche Wünsche, welche Ängste und Hoffnungen? Werden mich die anderen verstehen, so wie ich bin? Solche und ähnliche Fragen hatten wir alle bei unserem ersten gemeinsamen Abend. Beim gegenseitigen Kennenlernen legten wir Wert darauf, auch ein wenig von unseren bisherigen Glaubenserfahrungen zu erzählen.
Unsere Erfahrungen mit Gott waren unterschiedlich. Doch uns war klar, daß wir eine Gemeinschaft werden wollten, die uns für das Christsein im Alltag Stütze und Boden sein sollte. Die Botschaft Jesu ist unsere Grundlage und unsere Mitte. Wir möchten auch unser Leben, unseren Alltag miteinander teilen, im Licht und in der Hoffnung des Glaubens an jenen Gott, den wir Vater nennen dürfen, so wie Jesus ihn uns eröffnet hat.
Jeder soll ganz als er selbst Platz finden und als er selbst die Gruppe bereichern. Unser tägliches Leben soll zur Sprache kommen dürfen. Wir wollen bemüht sein, einander am eigenen Leben Anteil nehmen zu lassen. Unser Leben, unsere Freuden und Ängste, Sorgen und Hoffnungen wollen wir gemeinsam miteinander teilen, einander stützen und im gemeinsamen Gebet vor Gott tragen.
Das wöchentliche gemeinsame Nachtessen wurde bald zum Zeichen unserer Gruppe. Auch im Gespräch, in der Stille, im Singen und Beten kommen wir uns näher. Daraus leben wir und gehen wir weiter.
Als Gruppe, die eine lebendige Zelle der Pfarrei sein soll, Kirche im kleinen, wollen wir uns auch nicht abschließen, sondern den Kontakt zur Pfarrei pflegen. Obwohl wir, zu gegebener Zeit, auch miteinander «das Brot brechen» möchten (ein Priester ist in unserer Gruppe), wollen wir nicht eine Privatkirche sein. Der Sonntagsgottesdienst der Pfarrei gehört mit zu unserem «Programm».

Ein Gruppenmitglied entwarf folgendes Bild für das, was wir als Gruppe füreinander sein könnten: «Ich komme mir manchmal vor wie ein Zirkusartist, der seine Künste ohne Fangnetz in der Kuppel des Zeltes ausübt. Doch ich bin im Glauben und im Leben ein unsicherer Artist; ich brauche ein Fangnetz. Unsere Gruppe könnte ein solches Netz darstellen. Noch sind aber erst einige Fäden geknüpft...»

Schwierigkeiten

Unsere Verschiedenartigkeit im Denken, im Handeln und im Ausdruck führt auch bei uns zu Auseinandersetzungen und Spannungen. Voneinander lernen, andere in ihrer Auffassung gelten lassen und einander immer wieder neu entdecken und annehmen, gemeinsam weitergehen, braucht Offenheit und echte Liebe. Den ersten Schritt tun, im Bewußtsein, daß ich jemanden verletzt habe, einen Brief schreiben oder ein Telefonanruf braucht oft viel De-mut. Wir wollen auftauchende Schwierigkeiten lösen, indem wir versuchen, miteinander darüber zu sprechen. Sich selber in Frage stellen lassen ist oft nicht leicht. Doch im Vertrauen, daß wir einander gut gesinnt sind, können gerade daraus neue Schritte nach vorn entstehen.
Unsere Gruppe will nicht eine idyllische, sentimentale Gemeinschaft sein, in der über Schwierigkeiten hinweggegangen wird, weil wir ja miteinander lieb sein wollen. Wir versuchen Konflikte auszutragen. Denn daraus kann wieder neues Leben entstehen.

Wir gehen weiter

Unsere Kontakte beschränken sich inzwischen nicht mehr nur auf den einen gemeinsamen Abend in der Woche. Einzelne Gruppenmitglieder treffen sich beispielsweise zu einem Schwatz oder für einen Kinoabend. Man läßt sich auch gern einmal als Babysitter engagieren oder nimmt einem anderen irgendwelche Arbeit ab. Das Vertrauen untereinander wächst. Der Austausch spielt. Gemeinsam nehmen wir Anteil an unserem Leben. Immer mehr Fäden werden am «Fangnetz» geknüpft. Ich habe immer stärker das Gefühl, in unserer Gemeinschaft lebe etwas – noch zaghaft zwar –, was Christus wohl mit seiner Liebe gemeint haben mag. Seit einiger Zeit habe ich das Gefühl, ich könnte noch so tief in der Tinte sitzen oder in eine Notsituation geraten, ich wäre nicht alleingelassen. Die Gruppe trägt mich.

Über die Gestaltung der gemeinsamen Abende sind wir uns noch nicht im klaren. Wir haben zwar einen groben Rahmen: unsere gemeinsame Grundlage im Glauben. Wir sind auf der Suche. Jedes bringt seine Anregungen mit. Wir wollen ja auch spontan bleiben und uns nicht in einen starren Ablauf pressen. Doch ich glaube, eine gewisse Form, Elemente, die einfach zum Abend gehören und ihn vielleicht einrahmen, müßten wir noch finden.

Als Gruppe sind wir auch nicht abgeschlossen. Wir fragen uns z.B.: Sollen wir uns nicht schon öffnen für neue Mitglieder? (Bereits haben Menschen, die um unsere Gruppe wissen, ihr Interesse angemeldet, zu uns zu stoßen.) – Wie sieht unser Engagement aus in der Pfarrei?

Wir gehen weiter in der Hoffnung, der Heilige Geist wirke in unsere Gemeinschaft hinein, damit wir immer stärker Zelle werden einer lebendigen Gemeinschaft und Teil einer geschwisterlichen Kirche.

Monika Schmid

Basisgruppe St. Gallen

Heute sind wir zwölf Personen (Familien und Alleinstehende). Wir haben unterschiedliche Herkunft: sind Kinder von Bauern, Beamten, Arbeitern, Ingenieuren. Unsere gewählten Berufe hingegen sind einander verwandt: Kindergärtnerin, Heilpädagogin, Lehrer, Soziologe, Theologe, Krankenpfleger. Lange Zeit gingen wir getrennte Wege, obwohl wir uns kannten. Konkrete Erfahrungen führten uns allmählich zusammen, manchmal fast zufällig.

Im Sommer 1981 fingen wir an, jede Woche ein gemeinsames Essen zu halten (einige Male fiel es aus, einige Male waren es zwei). Dabei sprachen wir über dies und das. Auch über den Sinn, den wir unserem Leben geben möchten – mitten in dieser schwierigen Welt (die wir lieben). Wir spürten: Jenes Vertrauen auf neue Möglichkeiten ist uns wichtig, das die christliche Tradition gern «Glaube» nennt. Und die Zeiten der Stille, die oft als «Beten» bezeichnet werden. So entstand ein kleines Netz. Einfach so. Wir haben erfahren, daß es bereits ein wenig trägt. Und wir finden das gut.
Bald entstand der Wunsch, weiterzugehen und verbindlichere Formen zu entwickeln, die wir als «nachbarschaftliches Netz» umschreiben könnten. Darum zogen wir in Wohnungen, die nahe beieinander liegen. Von Anfang an schien es uns wichtig, daß jeder einzelne und jede Familie den nötigen Spielraum behält und das eigene Beziehungsnetz weiterpflegt, ja noch vertieft.
«Wenn zwischen den Häusern unserer Siedlung eine Wiese wär, säh' man bald Weglein zwischen den Häusern, in denen ihr wohnt.» So sagte vor kurzem Frau Parpan, deren Mann Abwart der Siedlung ist. Unsere Wohnform ist die einer Nachbarschaftsgruppe. Stellt euch ein Geviert vor, 16 Häuser, mit je acht bis zehn Wohnungen, rundum eine Art

Innenhof mit Gemüsegarten und Spielplätzen. Die Wohnungen haben drei bis vier Zimmer. Die Häuser wurden vor 70 Jahren für Arbeiterfamilien gebaut. Sie gehören einer Genossenschaft. In den letzten Jahrzehnten vermehrte sich hier der Bestand an Ausländern sowie an älteren Menschen. So war der Abwart eigentlich froh, daß nun «jüngere Schweizer» einziehen, wie er sagt.
Es sprach sich herum, daß «eine Gruppe» komme und daß sie «etwas» machen würde im Quartier, irgend etwas, hieß es. Einige sprachen von einer Sekte, die da käme. Andere dachten vielleicht an Sozialarbeiter. Aber wir hielten uns zurück. Nicht aus Taktik, sondern aus innerer Notwendigkeit. Es schien uns, daß wir uns zuerst selber besser kennenlernen müssen. Daß wir also zuerst selber leben müssen. Wir meinen ja, unser normales Leben sei der erste Beitrag an das Leben des Quartiers. Unser normales Leben, je nach den Talenten und Berufen, nach den Vorlieben und Zwängen.

Grenzen werden durchlässiger

Marie-Louise und Peter kamen mit ihrem Töchterchen Deborah. Ein Kind ändert die ganze Situation. Deborah kann nicht eine halbe Stunde still sitzen und meditieren. Also müssen wir das Abendessen vorausnehmen, damit das Kind nachher ins Bett gehen kann. Deborah kann nicht immer in vier Wänden sein. Und seine Eltern haben auch eigene Bedürfnisse. Also lebt Deborah auch anderswo. Zum Beispiel bei Regina, an jedem Dienstag etwa. Und auch sonstwo. Dann kam bald ein zweites Kind: Saša, Sohn einer Jugoslawin, Pflegekind von Marie-Louise und Peter. Mit seinen sieben Jahren wird er zum größeren Brüderchen von Deborah. Dann kam ein drittes Kind: Magdalena, das zweite Töchterchen von Marie-Louise und Peter.

Ein normales Leben also. Und doch wird das Normalste anders, sobald die Grenzen an einigen Orten durchlässiger werden. Das Leben der Kinder wird anders. Das Leben der Eltern wird anders. Das Leben aller andern wird anders.
Ein normales Leben. Im Quartier lebt Herr Cecchinato, ein Mann von 82 Jahren, in jungen Jahren aus Italien in die Schweiz eingewandert, jetzt verbraucht, ein wenig ausgebrannt. Er lebt allein in seiner Wohnung. Seine Kinder sind längst ausgeflogen, die Frau gestorben. Soll er ins Altersheim? Nun ist er Kostgänger bei Regina und Niklaus, alle Tage außer am Sonntag – und wenn dort niemand zu Hause ist, bei Marie-Louise und Peter, bei Maria und Hans.
Ein normales Leben im Quartier. Jeden Tag, außer am Samstag, gibt es jeweils bei einem Gruppenmitglied eine Mahlzeit, für alle offen, die kommen können. Alle 14 Tage, am Freitag, treffen sich 15 bis 20 Kinder und ein paar Eltern, zusammen mit einigen von uns, in der Wohnung von Marie-Louise und Peter. Sie singen und malen, spielen Kasperle, machen Räbeliechtli (Rübenlaternen), erzählen Geschichten. Das Motto lautet: Daß alle Kinder Freunde werden (entsprechend der «Vierte-Welt-Arbeit»). Es wird darauf geachtet, daß auch Kinder, die sonst keinen Anschluß haben, ihren Platz in der Spielgruppe erhalten. Die Kinder selber sollen spüren, was Ausschluß und Solidarität bedeuten.
Ein normales Leben im Quartier. Auf den 15. Dezember luden Frau Pedrett und Regina die alten Leutchen in Pedretts Wohnung zu einem Kaffee-Chränzli ein. Es kamen zwanzig. Maria erzählte eine Geschichte. Wie ein Engel habe sie dabei ausgesehen, sagten die Leute. Und es wurden Lieder gesungen. Helle Begeisterung! Hoffentlich macht ihr wieder mal so etwas, hieß es. Wenn lange nichts geschieht, dann treffen wir uns zu einem Kaffee.

Ein suchendes Leben

Es scheint, daß sich schon von der Wohnform her ein kleines nachbarschaftliches Netz knüpft. Einfach so. Eine Form, die tragen kann. Aber auch eine Form, die getragen sein muß. Die eine bestimmte Quelle haben muß. Wir sind ja nicht hier, um einfach ein soziales Experiment zu machen, um Stoff für ein Buch zu sammeln, um altruistische Gelüste zu stillen. Unsere Wohnform ist Ausdruck für ein Suchen, für das Nachspüren einer Intuition.

Ein suchendes Leben also. Jeden Freitag treffen wir uns zu einem gemeinsamen Abend. Zuerst ein Essen, mit den Kindern. Dann eine Zeit der Besinnung, mit einer Bibellesung, mit einem Gedicht oder einem anderen Text und mit viel Schweigen. Zuletzt ein Gespräch in die Nacht hinein. Denn die Sterne leuchten gern in der Nacht. Am Sonntag abend treffen sich jene, die können, ebenfalls zu Essen, Besinnung und Gespräch.

Ein suchendes Leben. Mitten in unserer Gesellschaft. Mitten im Suchen unserer Gesellschaft. Mitten in den Schmerzen und Hoffnungen dieser Zeit. Wir machten zum Beispiel bei der St. Galler Friedenswoche mit. Maria und Hans, Regina und Nick gehörten zum Ökumenischen Arbeitskreis. Die anderen halfen da und dort. Deborah trug das Licht zum Friedenstreffen auf dem Klosterplatz: zum Friedenstreffen, das in der Öffentlichkeit schon im voraus zum Streit führte. Die Sache kam in die Presse, dann auch in Radio und Fernsehen. Das Radio schloß seine Meldung über das friedliche Lichtertreffen auf dem Klosterplatz: «Nach Auskunft der Polizei kam es zu keinen Ausschreitungen.»

Ein suchendes Leben. Weit sind wir noch nicht. Und über die genauere Form des weitern Weges haben wir keine einheitlichen Vorstellungen. Die einen denken eher in Richtung eines «Familienklosters», mit verbindlichen Formen der Gütergemeinschaft. Die andern eher in die Richtung eines gemeindlichen Netzes mit fließenden Übergängen. Ein suchendes Leben. Wir spüren, daß es im Augenblick wichtig ist, der Intuition auf der Spur zu bleiben. Intuition heißt ja: ein plötzliches Aufleuchten von Zusammenhängen.

Vertrauen auf die Kräfte von unten

Die eine Seite dieser Intuition liegt vielleicht darin, daß mitten im Alltag ein Stück «Widerstandskultur» geflochten werden kann. Widerstand wogegen? Die Schlagwörter sind bekannt. Einsatz wofür? Die Schlagwörter sind bekannt. Die andere Seite der Intuition liegt vielleicht im Gespür, daß der Schlüssel im Vertrauen liegt. In einem Vertrauen, das wachsen kann. Vertrauen auf die Kräfte des Lebens. Auf die Kräfte von unten. Das hat doch mit dem zu tun, was oft «Glaube» genannt wird. Es hat zu tun mit der biblischen Grunderfahrung und Grundverheißung über die Kräfte des Lebens. Etwa so: Wer sich einläßt auf die Solidarität, erhält das Doppelte zurück. Wer seine Gaben und Talente, seine Mängel und Fehler hineinwirft, erhält sie hundertfach zurück. Auch Mängel und Fehler werden dann zu farbigen Fetzen am Kleid. Und etwas vom vielgerühmten «Reich Gottes» blitzt auf; blitzt plötzlich auf, vom Aufgang des Tages bis zum Niedergang (vgl. Mt 24,27).

Gemeinde im Oscar-Romero-Haus Bonn

Wir sind eine Basisgemeinde, der in der Mehrzahl Studentinnen angehören. Viele von uns sind im katholischen Milieu aufgewachsen und fühlen sich auch jetzt (mit Zähne-

knirschen) der katholischen Kirche zugehörig. Ziel und Hoffnung unserer Gemeinde ist es jedoch, eine *christliche* Basisgemeinde zu werden.
Die beschriebene Zusammensetzung ergibt sich aus der Entstehungsgeschichte unserer Basisgemeinde, deren Gründerinnen ursprünglich in der Bonner Katholischen Studentengemeinde zu Hause waren.
1984 kam es nach Auseinandersetzungen zwischen damaliger Gemeindevertretung (Gemeinderat) und dem Kölner Generalvikariat zum Auszug der meisten engagierten Menschen der KSG (Kath. Studenten-Gemeinde).
In einer unabhängigen Basisgruppe fanden sich viele von den auf diese Weise enttäuschten Christinnen zusammen. Das räumliche Zentrum des Gemeindelebens ist ein von drei Wohngemeinschaften (die nicht alle der Gemeinde zugehörig sind) bewohntes Haus, das zusätzlich Gemeinschaftsräume für Gruppenarbeit hat. In diesem Haus (Oscar-Romero-Haus) befindet sich unter anderem auch das Büro der IKvu (Initiative Kirche von unten). Auf dem Dachboden treffen wir uns jeden Sonntag zum Gottesdienst.
In verschiedenen Arbeits- und Interessengruppen ist Raum zum Kennenlernen und Erfahrungsaustausch. Als beständige Arbeitsgruppen haben sich eine Frauengruppe, eine Friedensgruppe und ein Bibelkreis zusammengefunden.
Das Bewußtsein, daß alle Christen an dem einen Abendmahlstisch sitzen, dies hat mit reich und arm, mit Ausbeutung und Unterdrückung – weltweit und im eigenen alltäglichen Handlungsbereich – zu tun, fordert von uns ein aus der Mahlfeier erwachsendes radikal umkehrendes Handeln. Von daher ist die gemeinsame politische Arbeit der Gemeinde ein wichtiger Teil des Gemeindelebens.
Bonn als Bundeshauptstadt bietet uns auch die Gelegenheit, oft mit der Gemeinde am politischen Tagesgeschehen teilzunehmen.

Zirka zweimal im Jahr reden wir an gemeinsamen Gemeindewochenenden über Gegenwart und Zukunft der Gemeinde und lernen uns dabei besser kennen. Bis jetzt war ein Priester Mitglied unserer Gemeinde, so daß für uns die Frage nach der priesterlosen Messe noch kein Thema war. 1987 wird er jedoch nicht mehr in Bonn sein, so daß wir gezwungen sind, uns mit dieser Thematik auseinanderzusetzen. Diese Diskussion trägt zum Zusammenwachsen der Gemeinde bei.

Katholische Basisgruppe Hannover

Die Katholische Basisgruppe Hannover (KaBa) ist eine unabhängige offene Gruppe von zirka 15 Frauen, Männern und Kindern. Im weiteren Sympathisantenkreis befinden sich noch 30 Menschen, die nur gelegentlich teilnehmen.
Zum größten Teil haben wir das Studium abgeschlossen und stehen im Beruf bzw. warten auf eine Anstellung. Das Berufsleben und auch die Verantwortung für eine Familie führten dazu, daß wir schon halbwegs «etabliert» sind.
Zu unserer Gruppe gehören Katholiken und Protestanten und auch Menschen, die der Kirche fernstehen, aber bei uns ein Diskussionsforum für die Probleme der heutigen Zeit finden. Da sich die Gruppe über die ganze Stadt verteilt, ergeben sich zu den Treffen häufig längere Anfahrtswege. Das erschwert immer wieder unsere Arbeit.
Zum inhaltlichen Teil unserer Arbeit:
– Wir treffen uns jeden Montag abends reihum in unseren Wohnungen (haben also kein Gemeindezentrum). Diese Abende bestehen zum einen aus einem spirituellen Teil, z. B. sprechen wir über eine Stelle in der Bibel, einen anderen Text, oder wir singen Lieder. Im zweiten Teil des Abends

werden Aktionen geplant, Aufgaben verteilt, Standpunkte diskutiert. Vom Montagstreffen wird ein Protokoll erstellt und an alle Gruppenmitglieder verschickt.

– An jedem ersten Sonntag im Monat ist unser «Familiensonntag». Wir feiern zusammen mit unseren Kindern Gottesdienst (mal mit, mal ohne Priester), essen gemeinsam, spielen, klönen, gehen spazieren.

– Zu größter Aktivität lebt die Gruppe auf, wenn eine Aktion ansteht. Da ist zum einen die jährlich im März von uns durchgeführte Oscar-Romero-Woche. Hier wird durch Vorträge, Diskussionen, Gottesdienste, Filme und Workshops auf die Probleme in Lateinamerika aufmerksam gemacht und ein Bezug zu unserem Leben in Europa versucht.

– Wir haben uns auch intensiv mit dem Thema Ökologie befaßt. Inzwischen halten wir für interessierte Gruppen, wie z. B. Kolping, KSJ, Kirchengemeinden, Seminare zum Thema «Ökologie im Haushalt», wobei auch der christliche Bezug (Verantwortung für die Schöpfung) berücksichtigt wird. Diese Seminare erstrecken sich über vier bis fünf Abende. Mit dieser Vortragsreihe sind wir auch im Programm des Katholischen Erwachsenenbildungswerks vertreten.

Was machen wir sonst noch?

– Teilnahme an der Hiroshima-Woche in Hannover, Gestaltung einer Plakatwand zum Thema.

– Wenn uns etwas reizt, so schreiben wir Leserbriefe oder verteilen Flugblätter.

– Solidaritätstelegramme (z. B. an Leonardo Boff oder an die Philippinische Bischofskonferenz).

Innerhalb der Gruppe haben sich auch freundschaftliche Kontakte ergeben, die neben dem «offiziellen» KaBa-Leben gepflegt werden.

Christliche Basisgruppe Heilbronn

Wir sind eine christliche Basisgruppe von 8 Personen aus 3 verschiedenen Ortschaften und bestehen in dieser Form seit einigen Jahren.
Wir treffen uns jeden Dienstagabend und veranstalten einmal monatlich einen Gottesdienst, der auch für die Öffentlichkeit zugänglich ist, räumen also unserer Gemeinschaft, in der uns zum Teil gemeinsames Leben, (mit)geteilter Glaube und inzwischen einige andere gemeinsame Erfahrungen verbinden, vor vielem anderen Vorrang ein.
Eine Errungenschaft der letzten Jahre ist, daß wir uns weniger mit uns selbst und mehr mit der Welt beschäftigen, für die man als Christ bzw. christliche Gemeinschaft Salz und Licht sein sollte. So versuchen wir im Rahmen unserer Möglichkeiten, auf Unmenschlichkeiten oder Gottlosigkeiten unserer Gesellschaft und in anderen Erdteilen aufmerksam zu machen, und manchmal tun wir sogar etwas dagegen. Am leichtesten fällt uns dabei Dritte-Welt-Arbeit (vielleicht weil das scheinbar am weitesten weg ist, vielleicht auch, weil einige persönliche Kontakte bestehen).
Schwer tun wir uns mit der «radikalen» Umsetzung von Glauben, was an familiären und beruflichen Einbindungen liegen mag. Das ist vielleicht einer der Gründe dafür, daß wir noch immer namenlos sind, denn unsere ursprüngliche Idee, uns «Exodus» zu nennen, scheint uns um so vermessener, je öfter wir mal wieder zu den Fleischtöpfen Ägyptens zurückgekehrt sind.
Unsere gemeinsamen Abende sehen unterschiedlich aus – mal stehen biblische Themen und Glaubensfragen, mal anstehende Aktionen und entsprechende Vorbereitungen und auch praktische Arbeiten im Vordergrund. Die Treffen finden zurzeit rundum und in unseren Wohnungen statt, später in Gemeinschaftsräumen, die im Rahmen gemeinsamer

Wohnungsbauvorhaben verschiedener Gruppenmitglieder entstehen.
Für den Fall, daß jemand mit der gegenwärtigen Verfaßtheit der Kirche Schwierigkeiten hat und sucht, weil sie/ihn Gott und Kirche doch noch etwas angehen und sie/er sieht, daß Christsein nur gemeinsam gelingen kann, für den Fall, daß sie/er dann noch im Raum Heilbronn wohnt und sogar noch an einem Dienstagabend Zeit hat, kann sie/er anrufen bei 07135/2476.

Teestubengemeinde Würzburg

Die Tatsache...

... daß es uns als Teestubengemeinschaft nach zwölf Jahren noch gibt, ist bereits eine Aussage, wenn man bedenkt, daß wir mit dauernd wandelnden Strukturen, mit recht häufigem Wechseln der Mitglieder und ohne eigentliche Hauptamtliche leben. Unsere Gemeinde ist ein Experimentierfeld christlichen Lebens, seitdem sie besteht, und sie wird sterben, wenn die Christen, die sich hier zusammenfinden, aufhören, gemeinsam sich selbst und anderen zu beantworten, was Christsein und gemeinsame Nachfolge heute bedeuten kann.

Der geschichtliche Ursprung...

... der Teestubengemeinde lag in der Suche junger Christen nach tatsächlicher Gotteserfahrung als Kraftquelle des Lebens und führte zu neuer, manchmal aufregender und ungewöhnlicher Lebensgestaltung: Gotteserfahrung als Herausforderung für den einzelnen und die Gemeinde wie auch für

Gesellschaft und Kirche. Diese Suche ist ein zentraler Punkt, zu dem wir immer wieder zurückkehren, unabhängig davon, daß wir laufend verschiedene Aktivitäten in der Kirche und der Gesellschaft wahrnehmen.

Missionarisch zu wirken...

... war unser allererstes Anliegen zu Beginn der Teestube – nicht zuletzt hat sie ihre Wurzeln auch in der Jesus-People-Bewegung, die sich damals von Amerika nach Europa ausbreitete. In unserem Gottesdienst und in der Offenen Teestubenarbeit erzählten wir von der Liebe Gottes, von der Befreiung durch den Glauben, von der Freude und Chance, mit ihm zu leben. Es waren damals vor allem Schüler, daneben viele von der Kirche enttäuschte und nach dem Sinn des Lebens suchende Menschen, zum Teil auch Pfarrer oder einzelne Pfarrgemeinden, denen wir versuchten Mut zu machen, sich wieder neu mit der umwerfenden Botschaft Jesu zu beschäftigen. Daß einzelne Menschen zu einem freien, lebendigen und tiefen Glauben an Jesus finden und ihm ernsthaft nachfolgen, ist uns – bei allem inzwischen auch politischen und gesellschaftlichen Engagement – nach wie vor sehr wichtig.

Diakonische Aufgaben...

... kamen bald in der anwachsenden Gemeinschaft dazu. Wir halfen uns gegenseitig, aber auch anderen, die nicht zur Gemeinde gehörten, z.B. bei Zimmer- oder Arbeitssuche, bei Lebensproblemen oder Prüfungsängsten. Seit längerer Zeit ist es eine offene Frage für uns, ob der Weg der Gemeinde uns zu einem stärkeren Engagement und zu einer engeren Gemeinschaft mit denjenigen führt, die bei uns in der Stadt, in der Gesellschaft sonst immer «am Rande» stehen. Es sind zwar schon seit einigen Jahren einzelne von uns z. B. in der Sozial- bzw. Stadtteilarbeit tätig oder in der Hilfe für Behinderte, aber diese teils berufliche, teils ehrenamtliche Tätigkeit ist noch kaum zu einem integrierten Bestandteil unseres Gemeindelebens geworden.

Ökumenisch...

... ist unsere Gemeinde: Wir stellten fest, daß uns die verschiedene kirchliche Herkunft (bei uns waren evangelisch-lutherische, katholische, evangelisch-methodistische und baptistische Gemeindemitglieder) nicht trennte. Wir konnten vielmehr voneinander lernen und uns gegenseitig mit Glaubenserfahrungen bereichern, die in der eigenen Tradition untergegangen waren. Unter Mitarbeit von katholischen und evangelischen Pfarrern versuchten wir, einen Beitrag zur Verständigung der Konfessionen zu leisten. In unserem Zusammenleben haben wir erfahren, daß Einheit möglich ist, wo der Geist Einheit schenkt, und nicht nur, wo sie kirchlich legitimiert ist.

Eine charismatische Gemeinde...

... zu sein, wie wir es von der Urgemeinde lernten, ist leichter gesagt als gelebt, müssen wir heute feststellen. – Die Erfahrung des Heiligen Geistes in unserem Leben wie auch gedankliche Impulse von der «Charismatischen Bewegung in den Kirchen» führten uns dazu, den Heiligen Geist, die Kraft Gottes als Befreier, als Schöpfer und als Begleiter tatsächlich zu erwarten und zu erbitten. Eine charismatische Gemeinde zu sein, ist zugleich eine Aussage über den Aufbau der Gemeinde: Es ist ein «Leib mit vielen Gliedern», wie Paulus sagt, die alle gleichermaßen wichtig genommen werden müssen, wenngleich sie ganz verschiedene Aufgaben ausüben. Jeder in der Gemeinde hat Charismen, Gaben Gottes, Begabungen, die wir uns gegenseitig zu entdecken helfen und die in der Gemeinde als Ergänzung und Korrektur erfahrbar werden. Welche Aktivitäten wir als Gemeinde übernehmen, hängt immer auch damit zusammen, wer mit welchen Begabungen Verantwortung übernimmt. So hatten wir in der Vergangenheit Zeiten, in denen wir uns stärker um die Drogenabhängigen sorgten, Jugendarbeit machten, oder Zeiten, die vor allem der Veränderung unseres Lebensstils galten (z. B. Wohngemeinschaften).

Die politische Dimension …

… des Evangeliums ist uns gerade in den letzten Jahren besonders wichtig geworden. Wir merkten, daß es auf dem Weg mit Jesus nicht nur eine «Bekehrung zum persönlichen Glauben» oder eine «Bekehrung zur Gemeinschaft» gibt, sondern auch eine «Umkehr zu den Zielen des Reiches Gottes» – auf dieser Welt, so wie wir sie vorfinden: mit Unterdrückung und Kriegen, mit Aufrüstung und Umweltzerstörung, mit Ausbeutung und Hunger. Christ zu sein heißt hier, uns aus unseren Todesverstrickungen zu lösen und «das Leben zu wählen». Das schließt den Kampf für diejenigen ein, denen in unserem kapitalistischen Staat, in der unterentwickelt gehaltenen Dritten Welt, in den Kirchen oder ganz in unserer Nähe – gar bei uns selber? – das Leben vorenthalten wird. Konkret sind wir seit Jahren u. a. in der politischen Friedensarbeit, in der «Initiative Kirche von unten» und in der Unterstützung eines Südafrika-Projekts tätig. Wir wollen dies alles im Geist Jesu tun – im Sinne seiner vergebenden Liebe, seiner gelebten Gewaltlosigkeit, aber auch seiner Radikalität und Parteilichkeit; wir wissen wohl, daß auch wir nicht frei sind von Machtstrukturen, von Unfrieden, von einem Lebensstil, der zu Umweltzerstörung und Unterdrückung führt.

In der Gemeinde...

... sind wir im Moment ungefähr dreißig bis vierzig Leute; der Altersschwerpunkt liegt zwischen zwanzig und dreißig Jahren; etliche sind auch älter. Wir treffen uns zweimal monatlich zur Gemeindeversammlung und zweimal in Hauskreisen, um unser Leben in kleineren Gruppen intensiver miteinander teilen und auch persönlicher beten und hören zu können. Wöchentlich treffen wir uns am Samstag um 18 Uhr zum Gemeindegottesdienst, der auch von Christen aus anderen Gemeinden besucht wird. Wichtig ist uns hier, daß die Gemeinde Gottesdienst feiert und nicht der Pfarrer oder eine Vorbereitungsgruppe für die anderen feiert. Jeder kann sich einbringen und den Ablauf des Gottesdienstes mitgestalten. Wir glauben, daß so der Heilige Geist bei uns wirken kann, und sind auf seine Führung stark angewiesen.

Das Zusammenleben...

... ist recht dicht und intensiv, vor allem für diejenigen, die sich noch in Arbeitskreisen treffen oder in Wohngemeinschaften zusammenleben. Früher, als nahezu ausschließlich Schüler und Studenten in der Teestube waren, hatte sie mehr den Charakter einer Dienstgemeinschaft, d.h. Initiativgruppe. Heute sind wir, bedingt durch die veränderte Altersstruktur und das Hinzukommen von Familien, nicht alle in Aktion, sondern jeder im Maß seiner Zeit und seiner Möglichkeiten. Schwierig ist für uns der Charakter von Würzburg als Uni-Stadt: viele gehen nach dem Studium weg, da für sie kein geeigneter Arbeitsplatz zu finden ist – dies ist auch eine Aussage über unsere Schichtzugehörigkeit: den Zugang zu Arbeitern haben wir in unserer Gemeinde (bislang) nicht gefunden. – Basisgemeinde zu sein, Gemeinde Jesu zu sein, ist zu einem Teil bereits gelebte Wirklichkeit, zu einem anderen Teil ein von uns noch einzulösender Anspruch – und wird es wohl auch immer sein!

Über Besuch…

… in unserer Teestubengemeinde freuen wir uns immer, lernen wir dadurch doch, über unseren eigenen Kirchturm hinauszuschauen, Impulse von anderen Gemeinden aufzunehmen oder eigene Erfahrungen weiterzugeben.

Reflexionen

Nachdem am Beispiel einzelner Gruppen das Phänomen der Basisbewegung möglichst anschaulich geschildert wurde, folgen hier einige Reflexionen darüber. Ein erster Beitrag von José Amrein stützt sich auf eine neuere Umfrage unter Basisgruppen und versucht, die gemeinsame Identität der Basisgemeinschaften zu umschreiben. Der gleiche Autor, der einige Jahre in Kolumbien gelebt hat, stellt in seinem zweiten Artikel Verbindungen her zur Befreiung, die in den lateinamerikanischen Basisgemeinden geschieht. Monika Schmid geht auf einen weiteren Impuls ein, dem die heutigen Gruppen ihr Dasein verdanken: die Sehnsucht nach einer geschwisterlichen Kirche. Der Exeget Hermann-Josef Venetz schafft Bezüge zur Bibel, indem er sich mit der Gemeinde von Korinth befaßt. Der Fundamentaltheologe Dietrich Wiederkehr konfrontiert die Basisgemeinden mit der Großkirche, indem er gegenseitige Anfragen und Antworten skizziert.

Bibel, Gemeinschaft, Engagement

José Amrein

In einer Gruppe von Mitgliedern aus verschiedenen Basisgemeinden der deutschen Schweiz betrachteten wir den Film «Tiger und Katzen». Er zeigt das schreckliche Elend der Menschen in Lateinamerika, aber auch die vitalen, selbstbewußten Aufbrüche der Basisgemeinden. Im an-

schließenden Gespräch reagierten alle ähnlich. Wir waren betroffen, weil wir uns als so anders empfanden als die Mitglieder der Basisgemeinden Lateinamerikas. Solches Elend, solche Unterdrückung erleben wir nicht, und unser Elan, unser Zeugnis von Leben und Hoffnung ist so gering im Vergleich zu ihnen. Die Frage beschäftigte uns einmal mehr: Wie können wir ihnen ähnlicher werden? Ärmer an Besitz, an Egoismus, an Haben und reicher an Solidarität, an Liebe, an Sein? Es ist die Sehnsucht nach unserer ganzheitlichen Befreiung, die auch um der Befreiung der Armen der sogenannten Dritten Welt willen notwendig ist.
Unsere Identität und unser Selbstbewußtsein als Basisgemeinden ist noch weit weniger stark als in Lateinamerika. Das wird auch deutlich an den ständigen Diskussionen in bezug auf die Namensgebung: Dürfen, sollen, wollen wir uns «Basisgemeinden» nennen? Kaum eine Gruppe bezeichnet sich so. Andere, «anspruchslosere», bescheidenere Namen werden vorgezogen: Basisgruppe, Gruppe und Ortsbezeichnung, Gebetsgruppe, Spurgruppe, Kommunität, Gruppe Exodus, Arche, Teestubengemeinschaft oder ähnliches. Befriedigt ist man allerdings auch von diesen Namen meistens nicht. Es sind eher Verlegenheitslösungen. Verlegenheit, die deutlich macht, daß die Basisgemeinden eben immer noch auf der Suche sind nach ihrer Identität.
Doch ganz am Anfang sind wir auch nicht mehr. Einiges hat sich herauskristalliert, wie dies ja auch in den Berichten dieses Buches deutlich wird. Hier soll nun versucht werden, die Eigenarten und das Selbstverständnis vor allem der deutschschweizerischen Basisgemeinden zusammenfassend darzustellen, was auch auf andere Gruppen aus dem deutschen Sprachraum zutreffen dürfte. Natürlich ist dies nur annähernd möglich, da die bunte Vielfalt gerade ein Kennzeichen der Basisgemeindebewegung ist. Jede Basisgemeinde ist ihr eigenes Modell. Trotzdem lassen sich gerade auch anhand der Antworten, die im Frühjahr 1986 auf eine ent-

sprechende Umfrage eingetroffen sind, einige verbindende Elemente festhalten.

Die drei Grundanliegen der Basisgemeinden

Es scheinen drei Grundanliegen zu sein, die allen Basisgemeinschaften gemeinsam sind: die Frohbotschaft, die Gemeinschaft und das sozialpolitische Engagement für und mit den Armen des In- und Auslandes. Weiter ist typisch, daß diese Anliegen nicht in ausgesparten Räumen, sondern im Alltag gelebt werden wollen.
Nach den Erfahrungen des brasilianischen Befreiungstheologen Carlos Mesters entscheidet das Ernstnehmen genau dieser drei Realitäten über die Lebendigkeit der Basisgemeinden Brasiliens. Mesters redet allerdings vom *Text* (= Frohbotschaft), vom *Kontext,* in dem der Text gelesen und meditiert wird (= Gemeinschaft), und vom *Prätext,* der das gesellschaftliche Umfeld meint. Wenn eines dieser drei Elemente zu kurz käme, beginne die Gruppe sich im Kreise zu drehen, könne sie nicht wirklich christlich befreiend sein. Diese Beobachtungen Mesters decken sich weitgehend mit unsern Erfahrungen hierzulande. Ohne Frohbotschaft fehlt der zündende Funke. Ohne Gemeinschaft fehlt Brennstoff und Ofen: es entsteht kein Feuer. Ohne gesellschaftlichen Bezug mangelt der Sauerstoff: das Feuer erstickt. Diese drei konstitutiven Elemente wohl aller Basisgemeinden sollen näher betrachtet werden.

Die Frohbotschaft – der Text

Viele der nach Mesters für die Basisgemeinden Brasiliens typischen Eigenarten im Verhältnis zur Bibel gelten auch für die Basisgemeinden hier. Drei seien hervorgehoben:

a) die Bedeutung der Bibel,
b) der unmittelbare Zugang und der Bezug zum Leben,
c) die Vorliebe der biblischen Botschaft für die Armen.

a) *Die Bedeutung der Bibel:* Alle hiesigen Basisgemeindetreffen wurden bisher ganz selbstverständlich unter ein biblisches Wort gestellt, das jeweils Thema der Begegnung war. Auch an den wöchentlichen beziehungsweise vierzehntäglichen Zusammenkünften wird regelmäßig mit der Bibel gearbeitet. Die Entdeckung der Bibel als einer Botschaft, die tatsächlich froh machen kann, die Licht und Kraft spendet, ist eine der hervorstechendsten Eigenschaften der Basisgemeinden. So schreibt etwa eine Gruppe: «Unser Schwerpunkt: Bibelarbeit; nach längerem Suchen nach der Form des Bibelgesprächs haben wir nun eine Form gefunden.» Eine andere Gemeinschaft bekennt: «Basisgemeinde ist für uns ein Ort, wo das Evangelium zu wirken beginnt. Wir wollen Christus besser kennenlernen, vor allem durch Meditation der Bibel, und seine Botschaft unter uns verwirklichen.»

b) *Der unmittelbare Zugang und der Bezug zum Leben:* «Wenn das Volk über einen Text diskutiert und reflektiert, dann reflektiert und diskutiert es zur gleichen Zeit über die eigene Wirklichkeit, ohne sich dabei von einer sogenannten historischen Distanz, von Fragen der Methodologie oder Historizität oder von der peinlichen Sorge, die Bedeutung eines Textes als Ding an sich festzustellen, stören zu lassen. Die biblische Geschichte bleibt zwar vergangene Geschichte, sie ist aber gleichzeitig auch Symbol und Spiegel einer aktuellen Wirklichkeit, wie das Volk diese im Leben der Gemeinschaft erfährt. Bibel und Leben vermischen sich, das Verständnis des einen beeinflußt das andere, das Leben läßt die Schrift besser verstehen, die Schrift das Leben.» [1]
«Dem Volk geht es an erster Stelle nicht darum, die Bibel zu

interpretieren, sondern mit Hilfe der Bibel das eigene Leben zu verstehen. Es will daher nicht an erster Stelle der historisch-kritischen Bedeutung, die der Text an sich haben mag, entsprechen, sondern der Bedeutung, die es im Text für sein Leben entdeckt. Das Interesse für die historisch-kritische Bedeutung des Textes wächst dabei auch, aber dieses Interesse ist selbst ein Ergebnis der Anstrengung des Volkes, die Bedeutung, die es im Text der Bibel für sein Leben und seinen Kampf zu entdecken meinte, kritisch zu befragen und zu durchleuchten.»[2]
Was Mesters für das brasilianische Volk schreibt, gilt auch für die Bibelgespräche in den Basisgemeinden hier. Nicht «gescheite Diskussionen» werden angestrebt, sondern jeder bringt sich mit den Erfahrungen, Fragen und Gedanken ein, die der Text bei ihm auslöst. Ziel ist nicht, Bibelexperte zu werden, viel über die Bibel zu wissen, sondern befreiter und befreiender zu leben. Meist herrscht in den Gesprächen eine eher meditative Atmosphäre[3].

c) *Die Vorliebe der biblischen Botschaft für die Armen:* Hier erweist sich unsere Situation als komplizierter. Denn als Bürger und Bürgerinnen eines der reichsten Länder dieser Erde fallen auch wir der heimtückischen Versuchung des Reichtums immer wieder zum Opfer. Es ist die Versuchung, sich der trügerischen Mittel des Reichtums zu bedienen, um die Wahrheit der Armut eines jeden menschlichen Lebens zu verdrängen und zu verleugnen. Und gerade dadurch werden dauernd neu Arme «produziert» und Arme arm gehalten. Wir wissen immer deutlicher um diese Verirrungen, gerade auch dank der Auseinandersetzung mit der Heiligen Schrift. Schrittweise wird uns entschiedener zur Erfahrung, was im Hebräerbrief steht: «Voll Leben ist Gottes Wort und voll Kraft und schärfer als jedes zweischneidige Schwert; es dringt durch bis zur Scheidung von Seele und Geist, Gelenk und Mark, und ein Richter ist es über Gesin-

nungen und Gedanken des Herzens; und es gibt nichts Geschaffenes, das vor ihm verborgen wäre; vielmehr liegt alles bloß und enthüllt da vor den Augen dessen, vor dem wir Rechenschaft abzulegen haben.» (Hebr 4,12f.)
All unsere Versuche, reich zu bleiben, Reichtum zu rechtfertigen, werden in dem Maße demaskiert, als wir uns dem Wort Gottes nackt ausliefern. All unsere Versuche aber, im Vertrauen auf die Kraft Gottes solidarischer, reicher an Liebe zu werden, erfahren Beflügelung. Die ehrliche Begegnung mit dem biblischen Wort wirkt sich so auf dieselbe Art aus wie die Begegnung mit Armen.
Mit diesem ersten der drei Schwerpunkte ist ganz allgemein die religiöse Dimension der Basisgemeinden mit angesprochen. Er ist das unterscheidende Merkmal gegenüber nur humanistisch und politisch engagierten Gruppen. Zur Verdeutlichung dieser christlichen Option noch ein Zitat aus der Selbstdarstellung einer Basisgemeinschaft aus Basel: «Unser Ziel ist das Reich Gottes, und zwar soll es hier und jetzt beginnen. Zeichenhaft... Es vollumfänglich realisieren zu wollen, fällt uns nicht zu, denn wir sind auch immer noch ein gutes Stück alter Mensch. Daher bitten wir auch immer wieder im Vaterunser ‹Dein Reiche komme!› im Wissen und Vertrauen darauf, daß nicht alles in unsern Händen liegt.»

Die Gemeinschaft – der Kontext

In Biel wurden die Bewohner eines Hochhauses nach ihrem Wohlbefinden in diesem Riesenblock gefragt. Die weitgehend übereinstimmende Antwort war: «Es ist uns wohl, denn niemand kümmert sich um einen. Man hat seine Ruhe.» In St. Gallen erzählte eine Nachbarin einem Freund von mir voller Stolz: «In den vergangenen 25 Jahren habe ich nicht ein einziges Mal von einem Nachbarn etwas ausge-

liehen.» In Kriens meinte eine 73jährige Frau mir gegenüber: «Nein, den Tod fürchte ich nicht. Aber ich habe eine große Angst, ich könnte es einmal nicht mehr selber machen und wäre auf andere angewiesen. In diesem Moment werde ich aufhören zu atmen. Ich weiß, ich kann das.»
Meines Erachtens sind solche Aussagen symptomatisch für den Krankheitszustand von uns Menschen hierzulande. Sie können nicht einfach als Extreme abgetan werden. Zu viele zwischenmenschliche Beziehungen scheitern, zu viel Menschen sind einsam. Hier kommt dem Schwerpunkt Gemeinschaft eine besondere Bedeutung zu. In allen Antworten auf die erwähnte Umfrage ist davon die Rede. Hier einige Beispiele: «Wir sind eine Gruppe von Einzelkämpfern. Jede/r steht an einem exponierten Ort in seiner Arbeit. Wir brauchen die Gruppe als ‹Tankstelle›, um das Gefühl des ‹Nichtverlassenseins›, des ‹Nichtalleinseins› zu haben.» – «Als einzelne sind wir machtlos. Als Gemeinschaft möchten wir Glauben und Hoffnung für uns und andere erfahrbar machen. Wir wünschen eine Atmosphäre der Geborgenheit und des Vertrauens, in der jeder er selber sein kann und die Spontaneität wächst. Wir möchten einander helfen, den inneren Frieden zu finden, gegenseitige Grenzen und Schwächen zu ertragen und einander in schwierigen Lebensphasen begleiten. Wir trachten danach, unser Leben im Alltag miteinander zu teilen, so daß wir zu einer großen Familie mit verschiedenen Talenten werden. Wir wünschen, den Kindern nahe zu sein, und sorgen uns gemeinsam um ihre Entwicklung.» Und eine 40jährige Frau gestand mir voller Dankbarkeit: «Ich habe dank der Basisgemeinde wieder Vertrauen ins Leben gewonnen. Früher war ich total isoliert und alleine mit meinen drei Kindern. Jetzt habe ich hilfsbereite Freundinnen und Freunde gefunden. Es geht für mich heute so viel leichter. Ich schlafe viel gelassener ein.»
In den Basisgemeinschaften schenken sich die Teilnehmer gegenseitig einen Ort der Geborgenheit, aber auch verbind-

licher Herausforderungen. Denn beides braucht es ja fürs Wachsen: Wärme und Widerstand. So gehören auch Enttäuschungen und schmerzliche Erfahrungen zum Alltag der Basisgemeinde. Doch gerade so wird echte Hoffnung gestiftet. Man lebt nicht aus Furcht vor Konflikten aneinander vorbei, sondern versucht Konflikte auszutragen. Hier wird vielleicht auch am hautnahe erfahren, wie sehr wir des Friedens Christi bedürfen.

Das sozialpolitische Engagement – der Prätext

In der bereits einige Male zitierten Umfrage wurden auch Fragen nach der Interpretation der aktuellen gesellschaftlichen und kirchlichen Situation gestellt. Negatives und Positives wurde in reicher Fülle aufgelistet. Folgende Stichworte machen deutlich, worüber man besorgt ist, woran man leidet, was sich ändern müßte: Individualismus, Anonymität, Angst, Absicherung, Langeweile, Gleichgültigkeit, Resignation, Überorganisation, Machbarkeitswahn, Dialogarmut, Vertrauensmangel, Rassismus, No-future-Stimmung, psychische Armut, Manipulation, besonders durch Medien, Gehetz, Streß, Materialismus, Konsum- und Leistungsdenken, Mitweltzerstörung, Vogel-Strauß-Politik, Konkordanzdemokratie, Rücksichtslosigkeit für Schwächere, Mangel an innerem Frieden, Technokratie.
Auf der andern Seite setzt man viel Hoffnung in die Neuaufbrüche in und außerhalb der Kirche: «Was sich in oben erwähnten Stichworten als bedrohende, vernichtende Übermacht zeigt, weckt gleichzeitig neue, kreative Kräfte von unten, z.B. in den Öko-, Friedens- und Solidaritätsbewegungen. Suche nach Neuorientierung ist stark spürbar. Junge Leute suchen Gemeinschaft, Geborgenheit, Freiraum, nach Sinn im Leben. Menschen der Lebensmitte, vor allem Frauen, suchen stark nach neuen Lebensformen.»

Auffallend ist, daß von der kirchlichen Situation als solcher relativ selten die Rede ist. Ich interpretiere das so, daß die Kirche kaum anders wahrgenommen und beurteilt wird als die Gesellschaft allgemein. Und das macht dann eben auch Mühe am landläufigen kirchlichen Leben. Es stellt kaum eine Alternative dar. Viele der Basisgemeindemitglieder teilen vermutlich die Zweifel von Pfarrer Kurt Marti[4]:

> Trefflich sorgt
> hierorts die Kirche
> für einige Nebenbedürfnisse
> des Mittelstandes.
>
> Gefragt sind:
> ein Hauch heiler Welt
> mit Dias und Filmen
> bei Kuchen und Tee.
>
> Ist dafür
> einer
> einst aufgehängt
> worden?

Um Mißverständnissen vorzubeugen, muß hier allerdings gleich angefügt werden, daß viele Mitglieder von Basisgemeinden in ihren jeweiligen Pfarreien engagiert sind. Sie helfen mit, daß das Gesicht des aufgehängten und auferstandenen Jesus und das der Kirche sich ähnlicher werden.
Auch danach wurde gefragt: «Gebt ihr in eurem Gruppenleben eine Teilantwort auf die genannten Probleme? Welches sind eure kleinen und größeren Möglichkeiten?» Auch hier fielen die Antworten recht ähnlich aus. Vorerst verweist man darauf, daß man in der Basisgemeinschaft selber eine Form alternativen Zusammenlebens zu praktizieren sucht. Doch darauf will man sich nicht beschränken. Die meisten

Mitglieder sind auch öffentlich engagiert, hauptsächlich an ihrem Arbeitsplatz, da viele in sozialen und kirchlichen Berufen tätig sind. Fast selbstverständlich ist das Mittragen verschiedener Basisbewegungen, seltener der Einsatz in Parteien oder politischen Ämtern. Allen aber ist klar, daß lebendiges Christsein, Nachfolge Jesu, sich vornehmlich in der Solidarität mit Schwachen und Ausgebeuteten als echt erweist.

Was Peter Stirnimann von der Basisgemeinschaft in Basel hierzu schreibt, würden sich wohl die meisten zu eigen machen: «Es geht bei Jesus immer um Befreiung. Vom Unmenschlichen zum Menschlichen. Befreiung meint aber immer sowohl den einzelnen wie auch alle. Befreiung weiß auch um die strukturell-gesellschaftlichen Unfreiheiten. Sie klammert sie mit ein. Der visionäre Ort vollumfänglicher Befreiung ist das, was Jesus das Reich Gottes nannte. Dieses Reich befindet sich aber nicht weit ab von dieser Welt im Jenseits, sondern es ist schon mit Jesus und seiner Praxis in diese Welt hineingeboren. Reich Gottes ist dort, wo Liebe herrscht und nicht Ausbeutung, Unterdrückung, Wertvermehrung, Gelddiktat, Einzelkämpfertum, Konkurrenz. Solidarität mit den Schwachen, Geschwisterlichkeit, Sorge um die von Gott überantwortete Schöpfung, vollwertiges Leben aller sind Bilder dieses Reiches, ‹welches nicht von dieser Welt ist›. Als Vision aber wirkt es schon anspornend auf unsere Welt. Auf das Reich Gottes hin zu arbeiten, das ist unsere Verpflichtung, und nicht das Sichsorgen um bürgerliche Wohlbehaglichkeit.»

Offene Fragen und Spannungsfelder

Die Basisgemeinden stecken in der Schweiz noch in den Kinderschuhen. Die ältesten Gruppen sind eben gerade schulreif, das heißt etwa sieben bis acht Jahre alt. So gibt es denn noch viele offene, durchaus auch heikle Fragen. Einige seien hier erwähnt:

– Was bedeutet die Tatsache, daß eine Mehrheit der Mitglieder dem Mittelstand angehört?
– Wie funktioniert das Verhältnis zur Pfarrei, zur Kirchgemeinde?
– Sind Basisgemeinden eher eine katholische Angelegenheit? Werden reformierte Mitglieder mit ihrer eigenen Tradition genügend respektiert?
– Weswegen ist die Frage der Emanzipation der Frau eine in Basisgemeinden relativ selten diskutierte Frage?
– Wie sollen sich Gruppenleben nach innen und Engagement nach außen zueinander verhalten?
– Sind die Kommunikationsformen in den Basisgemeinden nicht zu einseitig verbal?
– Werden die Kinder genügend wahrgenommen, auch als «Lehrmeister des Lebens»?
– Werden Konflikte nicht noch viel zu sehr verdrängt?
– Besteht nicht noch immer viel Hemmung in bezug auf gegenseitige Herausforderung, Zumutung?
– Kommen Kontemplation und Gebet nicht zu kurz?
– Besteht nicht die Gefahr, daß die Basisgemeinden mehr «Fruchtsäften gleichen als Fruchtsalaten»? Das heißt, wird die/der einzelne mit ihren/seinen Eigenarten und Begabungen dem Ganzen der Gruppe geopfert, so daß etwas Ununterscheidbares, Konfuses entsteht?

Es sind das alles Fragen, die zum Teil von außen an die Gruppen gestellt werden. Vor allem werden sie aber von den Basisgemeinschaften selber genannt und besprochen. Einigermaßen umfassende Antworten sind auf die meisten dieser Fragen nur durch das Sammeln von Erfahrungen zu finden. Das braucht noch viel Zeit.

Auf ein Problem, das meines Erachtens eines der grundsätzlichsten ist, soll nun noch eingegangen werden. Ich fasse es zusammen unter dem Stichwort des schlechten Gewissens.

Ich meine das schlechte Gewissen, das in vielen Basisgemeinden offensichtlich immer wieder hochkommt, sobald von eigenen Nöten, vom eigenen Befreiungsprozeß die Rede ist. «Unsere Probleme sind doch so lächerlich im Vergleich zu denen der Völker in der Dritten Welt», heißt es dann immer wieder. «Um sie müssen wir uns kümmern, für sie müssen wir uns einsetzen.» Und trotzdem landet man immer wieder bei sich selber...

Ich halte das für eine fragwürdige Angelegenheit. Gerade von der Dritten Welt her tönt es immer deutlicher: «Befaßt euch mehr mit euren eigenen Problemen, mit euren eigenen Nöten! Denn das Problem, das wir mit euch haben, ist nicht so sehr, daß ihr uns zu wenig gebt, sondern daß ihr uns viel zuviel nehmt, von uns profitiert.» Wir sind damit herausgefordert, uns dahin zu verändern, daß wir einerseits einfacher zu leben vermögen, andererseits mutiger werden, die wirtschaftlichen, politischen und kulturellen Mechanismen bei uns zu entlarven und zu bekämpfen, die dauernd neu Armut drüben und Reichtum bei uns produzieren. Und da kommen wir mit bloßen Appellen und gutem Willen nicht weiter. Da müssen wir uns schon intensiver in den Blick bekommen und den eigenen Schatten in aller Deutlichkeit wahrnehmen. Dies sind dann die ersten Schritte auf unserem Befreiungsprozeß, der den Ausgebeuteten dieser Welt wirklich etwas bringt. «Ohne die Umkehr der Christen in den reichen Ländern werden die Armen der Dritten Welt nie zu ihrer Befreiung kommen», sagte der brasilianische Bischof Hypòlito vor einigen Jahren in Zürich.

Es kann eine Flucht sein, die man allerdings wunderbar rationalisieren kann, wenn man sich dauernd mit den Problemen anderer befaßt. Laut Jesus ist die erste wichtige Frage: Wie kriege ich den Balken aus meinem Auge, bevor ich andere von ihren «Splitterproblemen» befreie? *Unsere* Befreiung, *unsere* Befreiungstheologie tut not. Was wir von den Christen Lateinamerikas übernehmen können, sind nicht

die Früchte ihrer Anstrengungen. Von ihrem Zeugnis können wir uns anstecken lassen, auch bei uns wieder zu gärtnern, im «Dreck» zu stehen, auch bei Wind und Regen, und die Samenkörner des Widerstandes zu entdecken und zu fördern[5]. Die Samenkörner sind bei den Menschen zu finden, denen es nicht (mehr) gelingt, das Dunkle zu verdrängen, und die sich trotzdem das Leben nicht genommen haben. Wo wir mit solcher Dunkelheit und solchem Licht – sei es in den Basisgemeinden oder anderswo – in Kontakt kommen, dürfen wir uns nicht abwenden, wenn wir unsere Hoffnung, unser Leben auf Felsen bauen wollen. Wir wiederholen sonst, was der vierte Evangelist gleich zu Beginn seiner Worte beklagt: «Das Licht scheint in der Finsternis, und die Finsternis hat es nicht ergriffen» (Joh 1,5). Wo soll denn Licht scheinen, wenn nicht im Dunklen?
«Den Europäern kann man den Pessimismus und die Skepsis wirklich an den Augen ablesen, sie sind ihnen ins Gesicht geschrieben... Es fehlt ihnen das, wovon unser Volk überfließt, auch wenn es in Lumpen geht, zahnlos, analphabetisch, unterernährt und schlecht untergebracht ist: die Hoffnung» (Clodovis Boff)[6]. Hoffen können nur arme Menschen. Reiche fürchten sich. Sie haben Angst vor dem Verlust ihres Reichtums, der durchaus nicht nur ein materieller sein muß. Keinen Reichtum mehr haben, heißt ohnmächtig, ausgeliefert sein. Hoffnung ist begründet in der Erfahrung, daß die eigene Ohnmacht nicht das befürchtete Ende war, sondern eine neue Beheimatung im Ge-heim-nis des Lebens, im Ge-heim-nis der Liebe Gottes. Dies schenkt dann auch die notwendige Gelöstheit, zur Lösung all der vielen konkreten Probleme dieser Welt wirksam beizutragen.
Abschließend zu diesen Überlegungen sei ein vertiefendes Wort des Psychologen C.G. Jung angeführt:
«Das Einfachste ist immer das Schwierigste. In Wirklichkeit ist nämlich das Einfachsein höchste Kunst, und so ist das

Sich-selbst-Annehmen der Inbegriff des moralischen Problems und der Kern einer ganzen Weltanschauung. Daß ich den Bettler bewirte, daß ich dem Beleidiger vergebe, daß ich den Feind sogar liebe im Namen Christi, ist unzweifelhaft hohe Tugend. Was ich dem geringsten unter meinen Brüdern tue, das habe ich Christus getan. Wenn ich aber nun entdecken sollte, daß der Geringste von allen, der Ärmste aller Bettler, der Frechste aller Beleidiger, ja der Feind selber in mir ist, ja daß ich selber des Almosens meiner Güte bedarf, daß ich mir selber der zu liebende Feind bin, was dann? Dann dreht sich in der Regel die ganze christliche Wahrheit um, dann gibt es keine Liebe und Geduld mehr, dann sagen wir zum *Bruder in uns* ‹Racha› (Idiot), dann verurteilen und wüten wir gegen uns selbst. Nach außen verbergen wir es, wir leugnen es ab, diesem Geringsten in uns je begegnet zu sein, und sollte Gott selber es sein, der in solch verächtlicher Gestalt an uns herantritt, so hätten wir ihn tausendmal verleugnet, noch ehe überhaupt ein Hahn gekräht hätte.»[7]
«Christus hat sich des Sünders angenommen und ihn nicht verdammt. Die wahre Nachfolge Christi wird dasselbe tun, und da man dem anderen nichts tun sollte, was man sich selber nicht täte, so wird man sich auch des Sünders annehmen, welcher man selber ist. Und so wenig man Christus anklagt, daß er mit dem Bösen fraternisiere, so wenig soll man sich den Vorwurf machen, daß die Liebe zum Sünder, der man selber ist, ein Freundschaftspakt mit dem Bösen sei. Durch Liebe bessert man, durch Haß verschlechtert man, auch sich selber.»[8]

Nur ein «frommer» Wunsch?

Wenn der Nächste uns wirklich der Nächste wird
und wir ihn hören und sehen,

seine Leiden zu den unseren machen,
uns wirklich über seine Freude freuen,
wenn Nachbar kein leeres Wort ist,
wenn wir den Nachbarn namentlich anreden,
seine Züge kennen und um seine Geschichte wissen,
wenn jeder Mensch jemand für uns ist,
dann kommt unsere Religion aus den Wolken herab
und realisiert die Menschwerdung Jesu.
Hélder Câmara

Wenn wir unser Leben in unserm Lande betrachten, tönt dieser Text vielleicht sehr nach Utopie, nach «frommem Wunsch». Haben wir unsere Sehnsüchte nach beglückenden zwischenmenschlichen Beziehungen nicht schon vor langer Zeit zu Grabe tragen müssen? Ich habe oft den Eindruck, in einem Land der gefrorenen Tränen zu leben. Eis schmilzt bei Wärme. Gebe Gott, daß all die Menschen unter uns, die aus irgendwelchen Gründen noch Wärme, Barmherzigkeit und Hoffnung ausstrahlen können, mit dem ihnen anvertrauten Talent wuchern (vgl. Lk 19,11–27). Gemeinschaftsstiftende Menschen müßten bei uns Hochkonjunktur haben, sei es nun in Basisgemeinden oder sonstwo.

Anmerkungen

[1] Carlos Mesters, Das Verständnis der Schrift in einigen brasilianischen Basisgemeinden, Concilium 1980/10, S. 561.

[2] Ders., S. 565. Angesichts der Tatsache, daß in vielen Köpfen bei uns noch immer der Spuk herumgeistert, einen Bibeltext könne man nur verstehen, wenn man auch über exegetisches Wissen verfüge, sei der Schluß des Artikels von Mesters auch noch zitiert: «Wir möchten mit einem Vergleich schließen: Das Schriftverständnis des Volkes hat mit den Augen zu tun, während die offizielle Exegese nur eine Brille liefert. Die Augen des Volkes sind die geeigneten und eigentlichen Instrumente, mit denen Christen die Schrift verstehen und lesen sollten; eine gute Brille ist dort eine sekundäre Hilfe, die das eigentliche Sehen nicht ersetzt. Diejenigen, die die Brillen

machen, die Exegeten, sollten sich daher eingeladen fühlen, die Brillen zu entwerfen, die die Augen nicht verderben und die Sicht verzerren, sondern die es ermöglichen, besser zu sehen. Nicht die Augen sind für die Brille da, sondern die Brille für die Augen, und manchmal sieht man besser ohne Brille» (S.566). Zu diesem ganzen Themenkreis leisten die 2 Bände von Eugen Drewermann, Tiefenpsychologie und Exegese (Walter-Verlag) einen überaus wichtigen Beitrag. Überhaupt scheinen mir seine verschiedenen Werke am meisten abzugeben für eine mitteleuropäische Befreiungstheologie.

[3] Einige Gruppen haben dankbar die 7-Schritte-Methode eines Pastoralinstitutes in Südafrika übernommen. Diese kann bei der Bibel-Pastoralen Arbeitsstelle, Bederstr. 76, CH-8002 Zürich, bezogen werden.

[4] In: Kurt Marti, Für eine Welt ohne Angst, Wuppertal 1985, S.30.

[5] Der neue Rektor der Katholischen Universität in Managua, der Jesuit C.Jerez, meinte auf einer Tagung: «Für die Theologen Europas ist nicht die Theologie der Befreiung wichtig, sondern die Befreiung der Theologie.» Was die Befreiungstheologen in Lateinamerika getan haben, bleibt hier noch weitgehend zu tun: Sich verbindlich auf die bei uns an den Rand Gedrängten einzulassen und von ihren Fragen und Antworten her zu theologisieren.

[6] In: N.Greinacher/Cl.Boff, Umkehr und Neubeginn, Exodusverlag 1986, S.52.

[7] C.G. Jung, Zur Psychologie westlicher und östlicher Religion, Gesammelte Werke, Band 11, Walter-Verlag 1971, S.367f.; ebelfalls in: C.G.Jung, Von Religion und Christentum, Walter 1987.

[8] Ders., Psychologie und Alchemie, Gesammelte Werke, Band 12, Walter-Verlag 1972, S.47; Grundwerk 5, S.36f.; ebenfalls in: C.G.Jung, Von Religion und Christentum, Walter 1987.

Schritte zur Befreiung

José Amrein

Die breite und oft auch emotionale Diskussion über die Basisgemeinden weist darauf hin, wie wichtig das damit verbundene Anliegen vielen Christen ist. Beinhaltet es nicht die

Sehnsucht nach ganzheitlicher Befreiung, nach einem sinnvolleren, geglückteren Leben? Nun sind die Basisgemeinschaften keineswegs die einzigen Gruppen, die solche Sehnsüchte schrittweise zu verwirklichen suchen. Doch mit Recht kristallieren sich diese Hoffnungen bei ihnen in besonderem Maße.
In Lateinamerika ereignet sich ein großes Stück der ersehnten Befreiung in den zahlreichen Basisgemeinden. Da unsere Realität eine andere ist als diejenige Lateinamerikas, erheben sich Fragen: Welche ist unsere Befreiung? Befreiung wovon? Befreiung wohin? Befreiung wodurch? Ich versuche, auf diese Fragen einige Antworten zu formulieren, indem ich, ausgehend von befreienden Erfahrungen in Lateinamerika, befreiende Erfahrungen eines Wochenendes in Luzern schildere und reflektiere.

Marinas Befreiungstheologie

Zu Beginn dieses Jahres besuchte uns ein Arbeiterpriester aus Medellín. Er ist nicht nur in Kolumbien, sondern auch in andern Ländern Lateinamerikas bekannt. Vierlerorts erzählt man sich Beispiele seines entschiedenen und sehr originellen Engagements für die Armen. Er hat uns eine Sammlung spanischer Gedichte mitgebracht. Sie seien hochkarätige, echteste Befreiungstheologie.
Die Gedichte stammen von einer Hausfrau und Mutter seiner Pfarrei. Marina heißt sie und besuchte bloß ein Jahr die Primarschule. Strahlend erzählte uns der Priester, wie er in seinen Kursen und Exerzitien in Kolumbien wie auch in den USA und Europa die Teilnehmer nicht über Texte großer Befreiungstheologen oder traditioneller Mystiker meditieren lasse, sondern über diese Gedichte. Eines davon, das es ihm besonders angetan hatte und das er uns dreimal vorlas, lautet:

An den Reichen...

Der Herr leidet in den Armen des Systems,
hast du nie darüber nachgedacht?
Meditiere es, und vielleicht hast du Erbarmen
und setzt dich für Gerechtigkeit ein, wenn du liebst,
denn in deiner Hand liegt die christliche Lösung:
Gott lädt dich ein, die Armen zu befreien.

Bruder: Die Armen, die von Sonnenauf- bis Untergang
für miserablen Lohn arbeiten,
leiden an Hunger und totalem Elend,
und du Reicher lebst in Bequemlichkeit,
sitzt in einem vornehmen Haus,
der Arme dagegen darbt in einer Hütte.

Warum hörst du nicht auf die Stimme deines Gewissens,
die keine Minute aufhört zu schreien?
Es gibt kein größeres Gut als die Wissenschaft,
andere mit gerechtem Brot glücklich zu machen,
ihnen endlich das vorenthaltene Recht zu geben,
ihnen, den Stimmlosen, die grausam ausgebeutet werden.

Siehst du den Lazarus nicht, jenen aus dem Evangelium,
der heute in allen Armen gegenwärtig ist?
Sie bitten nur um Brosamen von deinem Tisch,
und du, Prasser, enthältst sie ihnen erneut vor.
Eile ihnen zu Hilfe, lindere ihre Traurigkeit,
Gott wird dir geistlichen Reichtum geben.

In verschiedener Hinsicht gibt dieses Gedicht Rechenschaft von all dem Befreienden, das in Lateinamerika seit vielen Jahren im Gange ist. Da ist einmal die Tatsache, daß eine arme, ungebildete Frau aus dem Volk wagt, Gedichte zu schreiben. Dann kommt hinzu, daß ihr Pfarrer diese Gedichte ohne paternalistisches Schulterklopfen als hochkarätige Befreiungstheologie schätzt und daraus Kraft schöpft. Drittens ist es ein Zeichen für den Anbruch neuer Zeiten, wenn ein solches Gedicht von Menschen aus Nordamerika und Europa gehört und meditiert wird. Es sind dies alles Gegebenheiten, die vor zwanzig Jahren noch undenkbar gewesen wären.

Marina steht für all die Frauen, Männer, Jugendlichen und auch Kinder, von denen Bischöfe, Intellektuelle, Ordensleute und viele andere bekennen: Sie haben uns mehr evangelisiert als wir sie.

Das Selbstbewußtsein Marinas kommt auch im Gedicht selber zum Zuge. Arme Menschen sind meist Leute, die immer zuhören müssen und selber nie angehört werden. Hier erhebt nun eine Frau aus dem Volk ihre Stimme. Wie viele Männer und Frauen, die vor wenigen Jahren sich kaum äußerten über ihr Elend, haben Mut gefaßt und sich unnachgiebig an die verschiedenen Autoritäten gewandt und Recht gefordert! Das Befreiende liegt aber auch darin, *wie* Marina zum Reichen spricht. Wie naheliegend und verständlich wäre es doch, wenn sie sich hart und verurteilend äußern würde. Sie verhehlt die Wahrheit nicht. Sie sagt ehrlich und offen, was sie denkt, doch sie läßt dem Reichen eine Chance. Sie verstößt nicht, sie lädt ein. Den, der sich so schrecklich unbrüderlich verhält, nennt sie Bruder.

Wenn Arme zu reden beginnen, wenn sie von dem sprechen, was sie wirklich beschäftigt, wenn sie sich dabei an die Menschen wenden, die das Elend der Armen und ihr eigenes geistiges Elend ebenso beschäftigen müßte, und wenn sie dies im Geiste versöhnender Einladung tun, ist da der Anbruch des Reiches Gottes nicht mit den Händen zu greifen? Was fehlt, ist die Antwort auf Marinas Frage und Aufforderung. Steigen wir ein? Wie steht es mit unserem Befreiungsprozeß? Wie erfahren wir die Gegenwart des Reiches Gottes?

Unsere Befreiung

Ich will nun stichwortartig Reaktionen der Teilnehmer des erwähnten Wochenendes auf das Gedicht von Marina schildern. Es handelt sich dabei um Frauen und Männer, die sich schon seit einiger Zeit für Menschen aus der sogenannten Dritten Welt engagieren:

– «Ich erlebe das Gedicht wie einen Stich ins Herz. Schlafe ich nicht zu viel? Bin ich nicht zu bequem?»

– «Ich lebe auch in Bequemlichkeit. Spüre das schlechte Gewissen. Was kann ich, soll ich machen?»

– «Höre ich die Stimme des Gewissens wirklich?»

– «Haben die Mächtigen auch ein Gewissen, das nicht aufhört zu schreien? Ich zweifle daran.»

– «Die Wissenschaft vom gerechten Brot, das spricht mich an. Da müßte ich mich mehr engagieren.»

– «Ich fühle Traurigkeit. Sehe mich vor die Entscheidung gestellt: arm oder reich? Fühle mich hilflos. Nie werde ich mich genügend engagieren können. Das Elend ist so total.»

– «Mich beeindruckt die Hoffnung und Zuversicht dieser Frau. Daneben sehe ich bei mir und andern Kleinmut und Farblosigkeit.»

– «Ich fühle mich als Reicher angesprochen. Was ist die Lösung? Was soll ich konkret machen?»

Während all diesen Äußerungen herrschte eine eher depressive Stimmung. Man war betroffen und aufgewühlt vom Gedicht. Die Frau spreche die Wahrheit. Man fühlte sich schuldig und damit auch unter einem «entwicklungspolitischen» oder «christlichen» Leistungsdruck. Man müßte sich noch viel mehr engagieren! Aber wo, wie? Und woher die Kraft und Ausdauer nehmen? Mit den folgenden Wortmeldungen bekam das Gespräch dann eine andere Richtung:

– «Ich fühle viel Armut im Leben, in der Bequemlichkeit. Auch ich brauche Menschen, die mir helfen mich zu befreien.»

– «Wir sind reich im Materiellen, doch wir haben eine große Armut, wo die Armen Reichtum haben: in all dem, was man nicht kaufen kann.»
– «Geborgenheit, Leben, Menschen findet man eher in der Hütte. Im vornehmen Haus ist es so steril. Wir leben klinisch, ohne Schollenbezug. Ich habe den Wechsel von der Hütte zum Elend des vornehmen Hauses massiv erlebt bei meiner Rückkehr aus Lateinamerika.»
– «Damit ich für andere befreiend sein kann, muß es bei mir einigermaßen stimmen. Ich muß etwas ausstrahlen können. Was und wem nützt es, wenn ich mich unzufrieden und niedergeschlagen engagiere? Doch wie erlebe ich selber Befreiung?»
– «Meditiere es! Diese Aussage trifft mich. Ich brauche mehr Stille in meinem Leben, um die Stimme des Gewissens deutlicher hören zu können. In der Aktivität ist der Aktivismus eine dauernde Versuchung.»
Nachdem im ersten Teil des Gespräches die Armut in Lateinamerika und der Reichtum hier Thema waren, kippte es im zweiten Teil ins Gegenteil um: Sie sind reich, und wir sind arm. Wir brauchen Hilfe. Auch dies ist eine typische Erfahrung. Die entwicklungspolitische Arbeit, vor allem im kirchlichen Bereich, bemüht sich seit einigen Jahren darum, uns klarzumachen, daß wir Europäer mehr zu empfangen als zu geben hätten. Dazu trägt ja auch die ganze abendländische Untergangsstimmung bei. Nun liegt in all dem auch eine Gefahr. Die Erfahrung eigenen Elends, die Notwendigkeit eigener Befreiung könnten dahin führen, daß man sich nur noch um sich selber kümmert und die Armen der Dritten Welt aus den Augen verliert. «Sie arbeiten an ihrer Befreiung und wir an der unseren», könnte da als Motto gelten. Doch so geht das nicht. Solange wir materiell auf Kosten der Armen leben, sind unsere Schicksale verstrickt und können nicht einfach voneinander abgekoppelt werden. Unsere Befreiung ereignet sich nicht neben den Armen,

noch viel weniger gegen sie, sondern darin, daß wir ihre Rufe hören und uns auf sie einlassen. Wenn wir dabei an unsere Grenzen und auf unsere Not stoßen, dann soll das kein Ende, sondern ein neuer, demütiger und befreiender Anfang unseres Engagements sein.
Mehr noch: ein befreiendes Engagement für die Armen ist gar nicht möglich, wenn ich meine eigene Armut nicht immer neu schmerzlich erfahre und wahrnehme. Denn solange ich mich, auch wenn dies unbewußt geschieht, stärker fühle als der Arme, werde ich ihm paternalistisch begegnen. Da können meine Worte noch so revolutionär, demokratisch und befreiend klingen. Was ich bin, spricht lauter, als was ich sage. Solche meist ungewollte paternalistische Überlegenheit reißt im Armen immer neu die Wunde seiner durch Elend und Ausbeutung verletzten Würde auf. Die wesentlichste Grundaussage der Befreiungspädagogik von Paulo Freire zielt in diese Richtung: Keiner ist nur Lehrer, keiner nur Schüler. Jeder hat zu geben, und jeder hat zu empfangen. Wirkliche Befreiung charakterisiert sich dadurch, daß sie nicht auf Kosten eines Partners geschieht, sondern daß alle Beteiligten Befreiung erleben. So läßt sich sagen: Die Befreiung des Armen ist die Befreiung des Reichen.

Von der Schulderfahrung zu befreiender Begegnung

Näherhin sieht der Befreiungsprozeß des Reichen üblicherweise wohl so aus, daß er sich zuerst einmal voll guten Willens auf Arme einläßt, daß er ihre Schreie hört und ihnen zu helfen versucht. Tut er dies aufmerksam und feinfühlig, «nüchtern und wachsam», wird er immer deutlicher mit seinem Elend konfrontiert werden: dem Elend, trotz aller Anstrengungen am Armen immer neu schuldig zu werden, schuldig zu sein. Schuldig in doppelter Hinsicht: zum einen, weil sein besserer Lebensstandard auf Kosten der Armen geht, und zum andern, weil er zu wenig für und mit den Armen tut. Seine Grenzen, Unfähigkeiten und Lieblosigkeiten werden ihm ständig bewußter. Wer sich existentiell schuldig fühlt, macht eine Erfahrung von Armut größten Ausmaßes. Die Art, wie mit solcher Schulderfahrung umgegangen wird, ist entscheidend. Sie prägt die Qualität der Beziehung zum Armen, wobei die entsprechenden Mechanismen leider meist unbewußt ablaufen. Die spontanen Verhaltensweisen können mit Flucht nach vorn oder Flucht nach hinten charakterisiert werden. Im ersteren Fall wird der Arme mißbraucht als Exerzierfeld der Selbstbefreiung. Ungeduld und Härte charakterisiert diese Haltung: Der Arme müßte anders sein, kritischer, gemeinschaftsfähiger, mutiger, zielstrebiger, damit er den (unbewußt verzweifelten) Erwartungen des Helfers genügen würde. Bei der Flucht nach hinten – wenn ich resigniere, mich lähmen lasse – wird der Arme für mich trotz oder gerade wegen seiner Armut zum psychischen Unterdrücker. Weil er existiert, gehe ich vor die Hunde. Dies löst zumindest unterschwellig Haßgefühle aus. Meistens wird man zwischen diesen beiden Verhaltensreaktionen hin- und herpendeln. In keinem der beiden Fälle ereignet sich echte Befreiung.

Wenn ich nun aber, statt zu flüchten, meine Not auszuhalten versuche, wenn ich mich so dem Armen zuwende, mich ihm vielleicht gar anvertraue, dann kann es geschehen, daß ich erfahre, daß dieser Arme meiner Schuld gar keine Bedeutung zumißt; daß er sie mir vergeben hat, schon bevor ich ihn darum bitte. Aus solcher Begegnung gehen beide als Befreite hervor. Der Arme erfährt den Reichtum seiner Großherzigkeit, seine Würde als Abbild Gottes, der getreu dem Beispiel Jesu seinem Feind – jeder Reiche ist ein Feind des Armen, ob ihm das paßt oder nicht – vergibt. Der Reiche erfährt Vergebung und Ermutigung, atmet auf und entdeckt, wie sein Engagement für und mit den Armen nun im-

mer frohmachender und befreiender wird, weil nicht mehr Rechtfertigung das ihn treibende Motiv ist, sondern erfahrene Liebe, Vergebung. Als Beschenkter schenkt er. Der Teufelskreis ist zu einem Lichtkreis geworden. Der eine wird dem andern zum Fenster zu Gott.
Natürlich sind solche Begegnungen Gotteserfahrungen, die wir auf dieser Erde nie in letzter Fülle machen können. Doch auch nur ein solch stückweises Erleben macht glücklich und legt Energien frei. Es schenkt die Kraft, immer wieder von vorne zu beginnen.
Vielleicht darf ich hier eine persönliche Erfahrung einflechten, um das Ganze zu veranschaulichen. Nachdem ich zwei Jahre in Kolumbien gelebt hatte, wurde mir das Elend zu viel. Ich bekam es nicht mehr in den Griff. Ich fühlte mich radikal ohnmächtig, ausgeliefert und aller Möglichkeiten beraubt, mein schlechtes Gewissen beruhigen, meine Schuldgefühle abbauen zu können. Dies löste heftigste Aggressionen aus: gegen die Reichen, diese Ausbeuter, gegen die Armen, diese Feiglinge, gegen mich, diese Mischung von Ausbeuter und Feigling, gegen die ganze Welt, dieses Sammelsurium von Perversion und Misere, gegen Gott, den Obersadisten... Als mir die Energien für die Aggressionen ausgingen, fiel ich in eine Depression. Schließlich war ich wie versteinert und gefühllos. Dank der geduldigen Begleitung lieber Mitmenschen, denen ich zwar alle Zugänge zu mir verbarrikadiert hatte, und noch anderen Windstößen des Geistes Gottes dämmerte es mir nach und nach: Wie machen das nur die Armen, die ja in einer schlimmeren Lage sind als ich, die ihre Kinder nicht ernähren können, die zusehen müssen, wie sie ihnen unter den Händen wegsterben? Wie machen sie das, daß viele von ihnen weder aggressiv noch zynisch noch depressiv oder versteinert sind, sondern Tag für Tag mit menschlicher Wärme ums Überleben kämpfen? Da entdeckte ich ihren tiefen Glauben, ihr fast grenzenloses Vertrauen in Gott, das allen Gegenerfah-

rungen standhält. Und ich mußte mir sagen, daß ich in gewissem Sinne dank meiner Verzweiflung zu diesen Menschen ein befreienderes Verhältnis bekam. Sie wurden für mich langsam und immer mehr zu gebenden Menschen, auch zu Lehrmeistern.

Der sympathische Christus

Kommen wir zurück zum erwähnten Wochenende. Nach dem Austausch über das Gedicht Marinas zog jeder Teilnehmer sich zurück und versuchte, folgende Fragen zu beantworten: Welches ist meine Armut? Wo sehne ich mich nach Befreiung? Wo habe ich Erfahrungen der Befreiung gemacht? Die Antworten trugen wir dann unter dem Stichwort «Das Elend des vornehmen Hauses» zusammen. Hier die wichtigsten:

– Unfähigkeit auszudrücken, woran man leidet;
– sich von der Arbeit gefangen und versklavt fühlen;
– Angst, nicht zu genügen, Erwartungen nicht zu erfüllen;
– in den Tag hineinleben;
– Hilflosigkeit;
– Angst, sich zu exponieren, Kleinmut;
– Mißtrauen, ausgenützt zu werden;
– Angst, verletzt zu werden, wenn man etwas Persönliches äußert;
– Würde als Frucht der Leistung verstehen, was zu verbissenem Krampfen führt, statt Leistungen als Früchte der vorgegebenen persönlichen Würde wachsen zu lassen;
– Überdruß;
– sich als minderwertig, nichtig vorkommen.

Es sind dies alles Leiden, die nicht nur einen selber bedrükken, sondern die auch das Engagement für die Armen behindern; sei es im Sinne einer Flucht nach vorn in den Aktivismus, der unter dem Deckmantel des Daseins für andere die eigene Angst und Verzweiflung zu heilen versucht; sei es als Flucht zurück, wo man die Fäuste in der Tasche ballt oder resigniert die Hände in den Schoß legt, wobei die Resignation als gesunder Menschenverstand oder Realismus verkauft wird. Die Worte Marinas ließen uns an diesem Wochenende unser eigenes Elend deutlicher wahrnehmen. Die Frage stellte sich nun: Kann eine Auseinandersetzung mit der gelebten Hoffnung vieler Christen in Lateinamerika auch unsere Lebenskräfte stärken? In den offenen Horizont dieser Frage legte ich den Teilnehmern ein zweites Gedicht von Marina vor:

Zwei Christusse

Wach träumte ich von zwei Christussen,
und die zwei waren ganz verschieden.
Der eine voller Majestät,
aber immer war er stumm.
Schlafend verblieb er
vor den Schreien der Armen,
die alle zu ihm hinaufblickten.
Voll Ohnmacht sagte ich zu ihm:
«Herr, so schau mich doch an!»
Doch taub blieb er und unbeweglich.

Ich betrachtete ihn weiter, diesen Christus
aus reinem Gold und Edelsteinen,
aufgestellt auf einem Altar
voll vornehmer Eleganz.
Die selber viel Geld haben,
fühlten sich sehr gut vor ihm.
Und dieser Christus war wohlgenährt,
seine Wangen waren rosig.
Und viele Mächtige beugten
vor ihm ihre Knie.

Und ich fuhr fort, ihn anzuschauen,
diesen stummen, toten Christus,
diesen Christus der Mächtigen,
der vom Volk so fern blieb.
Und ich spürte Angst in mir,
hatte Lust davonzurennen:
Dieser Christus verteidigt Privilegien,
und ich gehöre zu einer andern Klasse,
zu den Leuten meines Volkes!

Zu den Füßen des schlafenden Christus
sah ich klar, was da war:
Geld in Haufen, feine Schnäpse,
Drogen, Pillen, Medikamente.
Und sie feierten ihre Gelage,
ohne sich im geringsten zu schämen.
Und betrunkene Männer lästerten,
sie verletzten, ja zerstörten sich
vor dem Christus, der strahlte
von Gold und Edelsteinen.

Plötzlich hörte ich viele Leute rennen,
zu Hunderttausenden rannten sie davon,
und ich rannte hinter ihnen her,
mischte mich ganz unter sie.
Leute, die jubelten vor Freude
beim Anblick eines lächelnden Christus,
eines so ganz anderen Christus,
eines Christus, der den Armen zulächelt,
der mit seinen großen schwarzen Augen
nach allen Ausschau hält.

Das war der Christus, Mensch und Gott,
einfach, arm, Arbeiter,
der seinen Hunger nie ganz stillen konnte.

Und er stand an der Seite des Bauern,
Des Hilfsarbeiters und des Studenten.
An der Seite der Gruppen, die kämpften
zum Wohle des ganzen Volkes.
Fleisch wurde mit ihm das Evangelium,
Gerechtigkeit forderte er.

Da kamen auch reiche Leute.
Sie sahen den lächelnden Christus
und mischten sich unter die Menge,
unter die Leute des armen Volkes.
Und sie wollten nicht mehr zurück,
zurück zum toten Christus,
denn sie spürten die Wärme
der einfachen und hungernden Leute.
Sie bekamen ihn gern, den Christus des Lebens,
und sie wandten sich ab vom Christus des Todes.

Marina schildert darin nicht nur in sehr dicht(erisch)er Weise den Befreiungsprozeß von unterdrückten, apathischen, geknebelten zu selbstbewußten, lebensfrohen, bewegten Menschen. Sie macht auch deutlich, welches die Quelle dieses Exodus ist, woher die Kraft fließt: aus der Entdeckung eines neuen, sympathischen (= mitleidenden) Christus. Der Glaube an einen Christus des Lebens befreit die Menschen zum Kampf gegen den Tod in all seinen Formen, zum Protest gegen die zerstörerischen Götzen dieser Welt, zum Dienst am Leben. Und umgekehrt ist es auch dieses Engagement, das zu solchem Glauben befreien kann. Die Gemeinschaft mit dem lächelnden Christus wird zur ersten und wichtigsten Basisgemeinschaft. Sie setzt uns frei für all die andern Gemeinschaften, die ebenso wichtig sind, vor allem für die Gemeinschaft mit denen, die ausgestoßen, die Opfer der Zusammenschlüsse der Reichen sind. Hier nun wiederum einige Reaktionen auf dieses Gedicht:

– «Der Christus, den wir im Religionsunterricht, in der Kirche, von den Eltern vermittelt bekamen, gleicht viel mehr dem Christus des Todes.»
– «Der Unterscheidung der zwei Christusse bei Marina entspricht bei L. Ragaz die Alternative von Religion und Reich Gottes.»
– «Befreiung verwirklichen heißt, sich im Angesicht des lächelnden Christus auf die Lazarusse außer uns, aber auch auf den Lazarus in uns einzulassen. Befreiung setzt die Bereitschaft voraus, auch zu den schwachen Seiten in uns zu stehen und unsere Gefühle mehr wahrzunehmen.»
– «Mein politisches Engagement ist ein Schrei nach dem lebendigen Christus.»
– Besonders tief berührte mich, was eine Frau mit bewegter Stimme erzählte. In einer äußerst kritischen Phase ihres Lebens hatte sie einen Traum, der ihr Kraft und Gelassenheit schenkte. Sie sah ein Gesicht mit großen schwarzen Augen, das ihr zulächelte, genauso wie das im Gedicht beschrieben sei...
Ich halte diese Entdeckung des sympathischen Christus und das gelebte, sichtbare Zeugnis der Gemeinschaft mit ihm für die tiefste und schönste Gabe, die uns Christen aus der Dritten Welt schenken können. Durch diese Frauen und Männer erfahren wir, wie selbstbewußt, engagiert, froh, gelassen, entschieden, kreativ, stark, zärtlich, nüchtern und feinfühlig Menschen leben können, wenn sie ihre Heimat im Ge-heim-nis der Liebe Gottes gefunden haben. Solch gelebte Verwurzelung in Gott, die sich darin als authentisch erweist, daß sie den Sümpfen dieser Welt nicht entflieht, sondern gleichsam von ihnen angezogen wird, fällt nicht einfach in den Schoß. Der Weg dahin geht über viele schmerzliche Etappen der Entwurzelung aus unserem Egoismus und unserer kapitalistischen Welt. Diese Entwurzelung ereignet sich in besonderem Maße da, wo man sich auf fremde und eigene Armut einläßt, wo man auf die Schreie der Opfer des

je gegenwärtig herrschenden Systems hinhört und sich herausfordern läßt.
Doch nicht immer führen diese Entwurzelungen zu einer tieferen Verwurzelung in Gott. Oft kommt es zu einer Verzweiflung, die hinter verschiedensten Haltungen verborgen sein kann. Andererseits dürfen wir die Verzweiflung vieler Menschen an unserer gegenwärtigen Welt auch als ein Zeichen potentieller Hoffnung deuten, so paradox dies tönt; denn wo Menschen fähig sind, in so massiver Verunsicherung zu leben, wie dies vor allem bei jungen Leuten immer wieder anzutreffen ist, da muß irgendwo eine leise Ahnung einer dritten Kraft vorhanden sein, die etwas Halt vermittelt: die Ahnung eines lächelnden Gesichtes, das mit seinen großen schwarzen Augen nach allen Ausschau hält...

Ganzheitliche Befreiung

Die wesentliche Aufgabe der Basisgemeinden sehe ich darin, daß sie beim einzelnen diesen Entwurzelungs- und Verwurzelungsprozeß fördern. Das geschieht nicht nur durch angenehme Ermutigung, sondern auch durch Herausforderung und Zumutung. Ich glaube beobachtet zu haben, daß letzteres uns noch ziemlich schwerfällt. Auch südamerikanische Freunde, die einige Tage hier waren, haben uns auf diesen Mangel aufmerksam gemacht.

Die Basisgemeinden verstehe ich als Mittel, die zur Mitte ganzheitlicher Befreiung hinführen sollen – als Mittel allerdings, in denen immer auch schon die Mitte erlebt und gefeiert werden kann. Die ganzheitliche Befreiung ist für mich eine «Basisgemeinschaft» mit dem sympathischen Christus des Lebens, die Kräfte freisetzt für die Stiftung von menschlicher Gemeinschaft überhaupt.
Das Anliegen der mir bekannten Basisgemeinden, Alltag,

Engagement für die Armen, Gemeinschafterfahrung und die Frohbotschaft miteinander zu verbinden, liegt meines Erachtens auf der Linie meiner Ausführungen. So stellen diese Gruppen ein Stück inkarnierter christlicher Hoffnung dar mit all den Grenzen und Mängeln, die sie auch kennzeichnen. Sie geben zusammen mit vielen anderen Menschen und Gruppen hierzulande Zeugnis von derselben Entdeckung Marinas: «Sie bekamen ihn gern, den Christus des Lebens, und sie wandten sich ab vom Christus des Todes.»

Der Traum von einer geschwisterlichen Kirche

Monika Schmid

Die Basisgruppen-Bewegung ist ein Ausdruck des Traums von einer geschwisterlichen Kirche als einem Ort der Beziehung, des Dialogs und der Geborgenheit, einem Ort, wo der Mensch sich in seiner Ganzheit erfährt und als Mann und Frau ernstgenommen wird.

Immer mehr Christen träumen von einer Kirche, die vom Leben und befreienden Wirken Jesu geprägt ist. Sie träumen von einer Kirche, die sie persönlich angeht, weil die Menschen in ihr und die Sache Jesu sie etwas angehen. Eine solche Kirche braucht überschaubare Strukturen der Kommunikation. Ihre entscheidenden Merkmale heißen: einander kennen, miteinander umgehen und Leben teilen. In einer geschwisterlichen Kirche werden diese drei Lebensprinzipien verwirklicht.

Geschwisterlichkeit bedeutet mehr, als daß Christen nebeneinander den Pfarreibildungsvortrag über Mitmenschlichkeit anhören oder *neben*einander als «Kirchenbesucher» je-

nem Mahl beiwohnen, das im höchsten Maß bedeutet: Leben *mit*einander teilen. Geschwisterlichkeit bedeutet aber auch mehr, als sentimentale Gebetsstunden miteinander verbringen oder gefühlsgeschwängerte Gottesdienste erleben. Es bedeutet, sich mit denen auseinanderzusetzen, die in das gleiche Volk Gottes hineingetauft sind.
Geschwister kann ich mir nicht aussuchen oder auswählen. Ich werde mit ihnen in eine Familie hineingeboren. Mit Geschwistern erlebe ich den Alltag. Ich weiß um ihre Ängste, Freuden und Sorgen, um ihre Sehnsüchte und Wünsche.
Mit der Taufe sind wir in die «neue Familie» Gottes hineingeboren (vgl. Mk 3,35). Durch sie sind wir mit dem Mal des Lebens gekennzeichnet. Dieses Leben heißt Communio (Gemeinschaft).

Die Kirche, ein Ort der Broterfahrung?

Das Leben Jesu war Communio. In seinem ganzen Leben (noch im Sterben) hat er mit den Menschen kommuniziert. Er wollte sie kennen von Gesicht zu Gesicht. Die Begegnung mit Jesus wurde zur Broterfahrung, zur Erfahrung vom Brot des Lebens (vgl. Joh 8,3–11; Lk 19,1–10; Lk 5, 15–24). Diese Broterfahrung immer wieder zu ermöglichen, gehört zum Auftrag der Kirche.
Jesu Broterfahrungen waren geprägt von einer ungeheuren Nähe. Gerade in dieser Nähe lag Befreiung und Erlösung. Das grundlegend Befreiende und Erlösende an der Broterfahrung kann darum nur da geschehen, wo Christen einander von Gesicht zu Gesicht begegnen. Von Jesus her gesehen müßte die Kirche also Ort der Broterfahrung, ein Lebens- und Beziehungsfeld sein. Ist sie wirklich als solcher Ort erfahrbar?
Wenn wir an Kinder denken, die in einer Großpfarrei von 8000 oder 10000 eingeschriebenen Katholiken ihren Erst-

kommuniontag feiern, so müssen wir sagen: Von Beziehung und *Leben* ist da herzlich wenig zu spüren. Diese Kinder werden eingeladen, das Mahl der Gemeinschaft zu feiern. Nun sitzen sie in einer Kirche, die für diesen Sonntag wieder einmal angefüllt ist mit lauter fremden Menschen, die in ihrem täglichen Leben praktisch nichts miteinander teilen. Im Religionsunterricht haben sie gelernt, daß miteinander essen nicht nur heißt, das Essen miteinander teilen, sondern auch das Leben.

Sicher, gerade durch die Feier des Mahles entsteht Gemeinschaft. Das Mahl der Liebe Christi ist durch seine Gnade Sakrament der Gemeinschaft aller mit Jesus. Für viele Menschen ist aber diese Gemeinschaft schwer zu erfassen, weil die konkrete Gemeinschaft, das Miteinander, fehlt. Der Glaube an die Gemeinschaft mit Christus im Brot bedingt unseren Einsatz für gelebte Gemeinschaftlichkeit von Gesicht zu Gesicht.

Das befreiende Leben, Handeln und Wirken Jesu, seine Nähe und seine Begegnung sind gleichsam Lebensatem der Kirche. Von Jesus her gesehen muß die Kirche ein Beziehungsfeld sein. Es ist ihr Grundauftrag, «Menschen miteinander in Beziehung zu bringen, Beziehung unter Menschen anzuknüpfen» [1]. Wie aber kann unsere Versorgungskirche diesen Auftrag wahrnehmen?

Eine menschliche Kirche

Der Mensch von heute, in seinen Ängsten und in seiner Einsamkeit, möchte eine Kirche, die ein Ort der Freundschaft, der echten Kontakte und des Austausches ist; die nicht ins Große, sondern ins Kleine geht. Er möchte vor allem eine Kirche, die ihn mit dem Wort Gottes nährt, ihn bei der Hand nimmt und mit ihm den Weg geht; eine Kirche, die ein Gesicht hat, wie die Kirche des Lukas, des Markus, des

Johannes, eine Kirche, die anfängt, die nach Ursprung schmeckt[2].

Der heutige Mensch träumt von einer Kirche, die menschlich – mitmenschlich ist; von einer Kirche, die Gemeinschaft erschließt und Gemeinschaft schafft. Er träumt von einer geschwisterlichen Kirche. Eine Kirche, die Heimat sein kann, darf keine anonyme Großkirche sein. Denn «je größer eine gesellschaftliche Wirklichkeit, um so mehr tendiert sie zur Anonymität der Mitglieder»[3].

Wenn wir den Auftrag Jesu ernst nehmen, so müssen wir gerade dieser Anonymität entgegenwirken. Denn: «Kirche ist von ihrem Wesen her nicht eine Organisation, sondern ein Netz von gottgestifteten, zwischenmenschlichen Beziehungen. Diese müssen erfahrbar sein. Also muß für den Christen ein kirchlicher Lebensraum da sein, in dem ihm Menschen mit einem Gesicht begegnen; Kirche braucht Räume für Face-to-face-Beziehungen.»[4]

Gelebte Geschwisterlichkeit: Verbindlichkeit

Gelebte Geschwisterlichkeit bedeutet Leben teilen, einander kennen, einander verstehen lernen, einander verzeihen, einander zurechtweisen. All dieses Miteinander drückt Verbindlichkeit aus: entscheidendes Ja zur Gemeinschaft in und mit Christus, wie wir es nur aus dem Neuen Testament kennen.

In einer Wortkonkordanz zum Neuen Testament kommt das Wort «Bruder» 184mal vor. Hier sind vor allem Brüder und Schwestern in den Hausgemeinden gemeint, die ganz konkret Geschwisterlichkeit leben. Sie teilen miteinander Hab und Gut (Apg 4,32). Ihre Häuser sind Gemeinschaftsräume. Darin leben sie zum Teil miteinander; darin brechen sie miteinander das Brot, beten und feiern (Apg 2,46). Die Erscheinungsform der christlichen Gemeinde ist die der

Geschwisterlichkeit. Dieses geschwisterliche Miteinander setzt ein Leben miteinander voraus: einander annehmen (Röm 15,7), füreinander sorgen (1 Kor 12,25) einander trösten (1 Thess 5,11), einander verzeihen (Kol 3,13). All das erfordert, daß man einander kennt und im Austausch miteinander lebt.

Verzeihen, trösten, stärken, zurechtweisen, einem andern die Last tragen (vgl. Röm 14,1; 15,1, 15,14; Gal 6,2): dies alles kann ich nur, wenn ich die Sorgen und Nöte meiner Geschwister kenne, ihre Stärken schätzen lerne und mich bemühe, mit ihren Schwächen umzugehen. Der Bruder und die Schwester sind mir anvertraut. Wahre Christen werden daran erkannt, daß sie einander als Brüder und Schwestern begegnen.

Der Traum einer geschwisterlichen Kirche ist ein Traum von einer Kirche, die sich aus der Erstarrung lösen kann, die zum Wandel bereit ist und nach Möglichkeiten sucht, wie echte Gemeinschaft gelebt werden kann.

Eine geschwisterliche Kirche ist eine Kirche, die jene, die mit ihr zu tun bekommen, wichtig und ernst nimmt. Eine solche Kirche verfügt und verwaltet den Menschen nicht. Der Mensch wird wichtig als Mensch und nicht als bloßes Kirchenmitglied, Steuerzahler oder Seelsorgefall.

In der geschwisterlichen Kirche sind zwar nicht alle Menschen gleich. Doch sie sind gleichgestellt. Es gibt «weder Mann noch Frau, weder Sklave noch Freier, weder Schweizer noch Ausländer» (vgl. Gal 3,28). Die geschwisterliche Kirche sieht sich hineingestellt in die neue Ordnung, die der Geist schafft. Jeder soll mit seinem jeweiligen Charisma ernst genommen werden; jeder hat seinen Platz und seinen Freiraum.

Die geschwisterliche Kirche ist auch der Ort der Gotteserfahrung. Jeder Mensch macht seine Erfahrungen mit Gott. Wir Menschen von heute trauen aber oft nicht mehr, zu unseren eigenen Erfahrungen zu stehen. Gotteserfahrungen von Menschen, die vor uns lebten, sollen nicht einfach schöne Geschichten bleiben, sondern uns anregen, unsere Erfahrungen einander mitzuteilen. Die geschwisterliche Kirche soll Freiraum schaffen für eigene Gotteserfahrungen.

Volkskirche und geschwisterliche Kirche

Der Ort der geschwisterlichen Kirche ist innerhalb der Volkskirche. Diese hat die Aufgabe, ihren Rahmen darzustellen. Volkskirche und geschwisterliche Kirche ergänzen sich. Die geschwisterliche Kirche ist eine neue – oder besser gesagt – eine andere Art, Kirche zu leben, in der Gemeinschaft, in der Anteilnahme und gleiche Mitverantwortlichkeit die Grundelemente sind.

Kirche sein bedeutet ja, miteinander einen Weg der Hoffnung gehen. Kirche wird immer wieder, wenn Menschen sich versammeln im Geist der erlösenden Botschaft Jesu und miteinander als Getaufte, als Gleichgestellte, als Gemeinschaft von Gläubigen Anteil nehmen am Geschehen des Lebens in der Nachfolge Jesu. So könnte die Kirche für viele wieder zu echtem Lebensraum werden. «Die Beziehungslosigkeit unserer Kirchen kann nicht anders überwunden werden, als durch den Aufbau einer Gemeindekirche von unten[5].»

Der Traum der geschwisterlichen Kirche ist keineswegs eine Neuerfindung. Dieser Traum war zumindest in den Anfängen der Kirche Wirklichkeit. In jeder Stadt, in der Christen lebten, gab es eine oder mehrere Familien, die ihre Häuser für Zusammenkünfte der Gemeinde zur Verfügung stellten. Beispiele dafür sind das Haus von Priska und Aquila (vgl. Röm 16,3–5) oder Stephanas und seine Familie (vgl. 1 Kor 16,15–16). In diesen Hauskirchen wurde Geschwisterlichkeit konkret gelebt (vgl. Apg 2,43–47).

Seither sind fast zweitausend Jahre vergangen. Die Kirche,

die so gemeinschaftlich begonnen hat, ist zur anonymen, unüberschaubaren Predigtkirche herangewachsen. Doch mitten in ihr entstehen überall (auch in unseren Gegenden) Gruppen und kleine Gemeinschaften, die miteinander ihr Christsein teilen möchten.
Die Gruppen und Gemeinschaften der geschwisterlichen Kirche dürfen von den Amtsträgern der Großkirche nicht totgeschwiegen oder gar belächelt werden. Sie sollten vielmehr gefördert und ernstgenommen werden als Zukunft der Kirche. Von innen her kann so wieder gelebte Gemeinschaft wachsen; von innen her geschieht eine Veränderung der Kirche.

Anmerkungen

1 Zulehner, Paul Michael: Kirche, Anwalt des Menschen, Freiburg 1980, S. 37
2 Vgl. Carretto, Carlo: Ich habe gesucht und gefunden, Freiburg 1983, S. 49
3 Zulehner, a. a. O., S. 127
4 Ebd., S 127
5 Moltmann, Jürgen: Umkehr zur Zukunft, Gütersloh 1979, S. 51

Biblische Rechtfertigung der Basisgemeinden?

Hermann-Josef Venetz

Wer «Basisgemeinde» sagt, denkt unwillkürlich an Korinth. Das ist leicht zu verstehen. Über keine andere Stadt und über keine andere christliche Gemeinde der neutestamentlichen Zeit sind wir so gut informiert wie über Korinth, eine blühende Handels-, Hafen- und Fischerstadt mit allem

Drum und Dran: mit den vielen Schulen und Banken, mit den Werften und Handelsfirmen, mit den unzähligen Tempeln und Vereinen, mit den vielfältigen sozialen Schichtungen, mit den Heeren von Sklaven und Ansiedlern, Dirnen und Neureichen.

Probleme in Korinth

In dieser Stadt hat Paulus Anfang der fünfziger Jahre eine christliche Gemeinde gegründet, in der sich offenbar die verschiedenen sozialen und politischen Verhältnisse der Stadt widerspiegelten. Denn im Unterschied zu andern Vereinen war die Gemeinde der Christen für alle Menschen offen. Jeder und jede, Männer und Frauen, Sklaven und Freie, Juden und Griechen sollten dort völlig gleichberechtigt Aufnahme finden.
Möglich, daß sich Paulus und die Verantwortlichen der Gemeinde etwas viel vorgenommen hatten. Sicher ist, daß in dieser christlichen Gemeinde nur wenige Jahre nach ihrer Gründung erhebliche Spannungen aufgetreten sind, so daß sie aueinanderzubrechen drohte. Besonders aus dem 1. Korintherbrief geht dies sehr gut hervor. Eine Fülle von Problemen sind hier angesprochen. Um nur einige zu nennen: Da gab es Parteien, die sich voneinander abhoben und einander gar bekämpften; da gab es Gruppierungen, die derart in Enthusiasmus schwelgten, daß sie das Wesentliche aus den Augen verloren; da scharte man sich um den Slogan «Mir ist alles erlaubt», während andere sich ernsthaft die Frage stellten, ob es nicht besser wäre, sich von der «Welt», besonders von Ehe und Familie abzuwenden; da gab es Unsicherheiten bezüglich des Götzenopferfleisches: die einen, die sich ängstlich davon enthalten wollten, andere, die solch kleinliche Probleme längst schon hinter sich gelassen hatten – und beide Gruppierungen verdächtigten einander; da gab

es Mißbräuche bei Mahlfeiern, bei denen die Armen beschämt wurden, während es sich die Reicheren wohlsein ließen; da gab es Frauengruppen, die von ihrer – von Paulus selbst zugestandenen – christlichen Freiheit Gebrauch machen wollten, von den verantwortlichen Männern und von Paulus aber als Emanzen verdächtigt und in Schranken gewiesen wurden; da gab es Unordnungen und Arroganz bei den Gottesdiensten, ein Drüber und Drunter bei der Kompetenzverteilung; da gab es Leute, die mit der «Auferstehung der Toten» nichts anzufangen wußten...
Die Probleme können gar nicht alle aufgezählt werden. Sicher kommen lange nicht alle in dem Brief zur Sprache. Und was fast ebenso interessant ist: Paulus ist offensichtlich von verschiedenen Seiten angegangen worden, zu den Problemen Stellung zu nehmen. Da war bei ihm eine Delegation der Gemeindeleitung; da war bei ihm aber auch eine Delegation der Leute um Chloe, einer Frau, die möglicherweise auf die einfachen Gemeindemitglieder einen gewissen Einfluß ausübte; und dann sind ihm von verschiedenen Seiten her Briefe zugeschickt worden.

Das Faszinierende

Halten wir hier einen Augenblick inne. Was soll eine heutige Basisgemeinde mit Korinth zu tun haben? Oder ist die Basisgemeinde mit einer der «Parteien» zu vergleichen, die dem Paulus ein Dorn im Auge sind? Oder gleicht die heutige Basisgemeinde eher einer Hausgemeinde wie jener des Stephanas in Korinth oder der Phoebe in Kenchreä oder der Priska und des Aquila in Rom? Ich denke, daß keiner dieser Vergleiche zutrifft.
Und trotzdem übt die christliche Gemeinde in Korinth auf uns Heutige, gerade auf Basisgemeinden, eine gewisse Faszination aus: In einer Gemeinde ist mehr an Leben möglich,

als wir es normalerweise von unserer Tradition her für wahr halten möchten; die einzelnen und die Gruppierungen haben ein größeres Eigenleben, als wir es für möglich halten; Spannungen und Konflikte müssen nicht Zeichen von Abirrungen sein, sondern Zeichen von Leben und Dynamik.
Die Faszination geht aber noch weiter, auch und gerade dann, wenn wir zusehen, wie Paulus nun auf diese Probleme reagiert. Von unserem Denken her überraschen vor allem zwei Dinge:

– Um in der christlichen Gemeinde in Korinth wieder Ordnung zu schaffen, hat Paulus ihr nicht einfach eine klare Ordnung oder Verfassung aufgezwungen.
– Er hat in der Gemeinde oder gar über die Gemeinde nicht eine klare Führung eingesetzt, damit diese die Probleme auf auoritärem Wege ein für allemal lösen würde. Wohl fordert Paulus die Gemeindemitglieder auf, diejenigen zu unterstützen, die sich für die Gemeinde abmühen und einsetzen. Sein Schreiben richtet sich aber nicht an den Bischof oder an den Pfarrer, auch nicht an einen Ältestenrat oder sonst ein Führungsgremium. Paulus respektiert auch jetzt noch die Gegebenheiten in der Gemeinde; er respektiert die Formen und Strukturen, wie sie in Korinth ganz einfach nach gruppendynamischen Prozessen gewachsen sind, und er richtet seinen Brief an die ganze Gemeinde. Offensichtlich hat Paulus weder von Jesus noch von den Aposteln Weisungen erhalten, wie eine christliche Gemeinde zu organisieren sei. Von seinem Glauben her gibt es nur zwei Dinge, die für das Gesicht der Gemeinde unaufgebbar sind: die Geschwisterlichkeit und die Offenheit.

Aber auch innerhalb dieses Rahmens, der Geschwisterlichkeit und der Offenheit, der wohlgemerkt alles andere als ein minimaler Rahmen ist, vertritt Paulus nicht den Standpunkt des «laisser faire, laisser aller». In bezug auf den Aufbau der Gemeinde bringt er mindestens zwei entscheidende theologische Interpretationshilfen.

Der Leib Christi

Erstens deutet er die christliche Gemeinde in Korinth, die er übrigens sehr gut kennt, als «Leib Christi». Wir sollten diese Deutung nicht als starre Etikette betrachten, die Paulus der nicht mehr in Griff zu bekommenden Wirklichkeit der Gemeinde aufklebt, damit er seine Ruhe hat. «Leib Christi» ist nicht eine beruhigende, sondern eine äußerst spannungsgeladene Interpretation der Gemeinden:

– Wer Leib sagt, sagt Sichtbarkeit, Greifbarkeit, Erfahrbarkeit. Dadurch, daß die Gemeinde in ihrem Reden und Tun ihren Glauben in die Tat umsetzt, wird sichtbar, leibhaft, was das Motiv ihres Handelns ist, wird erfahrbar, woraus sie lebt: Jesus Christus.

– Wer Leib sagt, sagt Ganzheitlichkeit. Nur in der Gemeinde als ganzer, nur wenn die Gemeinde ganz ist, kann in ihr dem leibhaften Christus begegnet werden.

– Wer Leib sagt, sagt auch Umwelt, hundertfache Verwobenheit in Zeit und Welt. Nur eine Gemeinde, die sich vor all den vielen sozialen, gesellschaftlichen und politischen Verflechtungen nicht scheut, nur eine Gemeinde, die vor der Weltlichkeit der Welt keine Angst hat, ist der leibhafte Christus.

– Wer Leib sagt, sagt Veränderung und Geschichte. Wer die Kirche ihrer Geschichte entheben und zu einer ewigen, unveränderlichen Größe emporstilisieren will, verleugnet sie. Wer ihre Geschichte mit all ihren Höhen *und* Tiefen nicht wahrhaben will, nimmt ihren Glauben nicht ernst. Als pilgerndes Gottesvolk, das selbst suchend unterwegs ist, wird sich die Kirche nicht scheuen, ihre Geschichte mit mir zu teilen. Denn nur so kann sie mich in ihre befreiende Leibhaftigkeit «eingliedern».

Die Charismen

Eine zweite Deutungshilfe bringt Paulus mit dem Wort «Charisma» ins Spiel, ein Ausdruck, der in der griechischen Umwelt kaum gebraucht wurde, und wenn, dann in dem profanen Sinn von Gabe, Geschenk oder auch Güte, Liebenswürdigkeit – eben jene Haltungen, aus denen Geschenke gemacht werden. Bei Paulus behält der Ausdruck Charisma die Kernbedeutung von Gabe und Geschenk bei, aber immer handelt es sich um ein Geschenk *Gottes.* Das Wort erhält bei Paulus eine streng religiöse Bedeutung.

Nirgends setzt sich Paulus derart intensiv mit dem Ausdruck Charisma auseinander als dort, wo er von der Gemeinde als vom Leib, vom Leib Christi spricht (1 Kor 12). Es scheint, als ob der Leib Christi erst durch die Charismen, die verschiedenen von Gott geschenkten Begabungen und Ämter, konkret werde. Leib Christi und Charisma können gewissermaßen als die theologischen Brennpunkte betrachtet werden, durch welche christliche Gemeinde gedeutet werden kann. Wenn wir diese beiden theologischen Deutungshilfen des Paulus zusammennehmen, kann – ganz summarisch – folgendes festgehalten werden:

– Die Gemeinde ist Gemeinde Gottes und nicht Gemeinde des Paulus. Sie ist der Leib Christi und nicht der Leib des Paulus. Die Ämter und Begabungen sind Geschenke Gottes und nicht Geschenke des Paulus. Das bedeutet, daß weder die Gemeinde noch die darin sich entfaltenden Dienste für den Menschen frei verfügbar wären; weder Gemeinde noch Begabungen lassen sich «in Griff nehmen».

– Es gibt kein Charisma und kein Amt «über» der Gemeinde, wie es auch kein Glied «über» dem Leib gibt. So wie der Leib dann gesund ist, wenn jedes Glied die ihm zukommende Funktion wahrnimmt – «so wie Gott es wollte» (1 Kor 12,18) –, so ist es auch mit den Ämtern und Charismen in der Kirche. Nur wenn sie die ihnen zukommenden Aufgaben voll wahrnehmen (nicht mehr und nicht weniger), wird die Gemeinde gesund sein.

– Es gibt keine geringen Charismen in der Gemeinde. Und wenn wir meinen, es gebe sie, dann haben wir ihnen mit um so größerer Rücksicht und Aufmerksamkeit zu begegnen, je kleiner und unwichtiger sie uns vorkommen. Wie leicht kann doch der ganze Leib in Mitleidenschaft gezogen werden, wenn auch nur ein einziges (vermeintlich) unwichtiges Glied vernachlässigt wird. Das heißt nicht, daß alle Dienste gleich wären. Aber jedes Amt und jeder Dienst muß seine Bedeutung haben, muß seine Funktion voll und ganz wahrnehmen können.

– Jedes Amt und jeder Dienst in der Gemeinde – ganz besonders auch das Amt des Gemeindeleiters – ist in die Spannung von Einheit und Vielfalt hineingegeben. Für die Einheit sorgt man nicht dadurch, daß man verlangt, daß alle das gleiche tun. Die Vielfalt der Ämter und Charismen ist nötig, damit Christus in allen Bereichen leibhaftig wird. Die Sorge um die Einheit ist danach bestrebt, daß alle Ämter und Funktionen, alle Begabungen und Dienstleistungen sich so entfalten können, daß es der Gemeinde zum Aufbau und zum Nutzen gereicht. Umgekehrt wird jeder Amtsträger darum bemüht sein, daß er sich von der Gemeinde nicht entfernt und isoliert; denn nur im Miteinander mit der ganzen Gemeinde kann er zum vollen Leben kommen.

– Die Entscheidung darüber, was der Gemeinde zum Aufbau und zum Nutzen, d.h. zum Leben dient, liegt in der Gemeinde selbst. Dies ist die logische Folgerung aus dem Bekenntnis, daß die Gemeinde der leibhafte Christus ist. Das bedeutet aber auch, daß Entscheidungen in Konfliktsituationen nicht «von oben herab», aber auch nicht aufgrund einfacher Mehrheitsverhältnisse gefällt werden dürfen. Alle Sorgfalt soll darauf verwendet werden, daß jeder «nach der ihm verliehenen Gnade» (vgl. Röm 12,6) das Seine zur Bewältigung der Konflikte beitragen kann. Wesentliches Ziel

ist die lebendige Gemeinde. Nur in ihr und durch sie kann Christus immer mehr leibhaft werden.
Ob diese kleine Ekklesiologie auf die christliche Gemeinde in Korinth «anzuwenden» ist oder auf eine Hausgemeinde, auf eine heutige Pfarrei oder auf die Großkirche oder auf eine Basisgemeinde: sicher ist, daß Verwirklichung von Kirche etwas eminent Anspruchsvolles ist, und daß es hier auf Erden weder einer Basisgemeinde noch einer Großkirche je gelingen wird, den ganzen Anspruch zu realisieren. Wenn die Kirche sich stets erneuern soll (semper reformanda), dann nicht im Sinn einer immer besseren Perfektionierung des bürokratischen Apparates, sondern im Sinn eines immer größeren und vertiefteren Eingehens auf den Zuspruch und Anspruch Gottes, wie er in Jesus Christus leibhaft geworden ist.

Der fehlende Paulus

Und doch ist noch nicht alles berücksichtigt, was von der Bibel her von einer heutigen Basisgemeinde gesagt werden könnte. Das Entscheidende, das noch fehlt, ist: Paulus. Dabei ist mit «Paulus» nicht der hierarchische Gemeindeleiter gemeint; Paulus war nicht Gemeindeleiter, er war Missionar und Gemeindegründer. Aber Paulus hat doch – z. B. gegenüber der Gemeinde in Korinth – eine ganze Reihe von Funktionen wahrgenommen, die wir nicht einfach übersehen dürfen und ohne die es in Korinth eine christliche Gemeinde kaum gegeben hätte. Um nur stichwortartig einige Hinweise zu geben:
– Paulus hat ganz wesentlich dafür gesorgt, daß der Kontakt mit der Großkirche aufrechterhalten blieb. Immer wieder war er darauf bedacht, die Idee der Universalität und der Solidarität (besonders mit der Christengemeinde in Jerusalem) mit ins Spiel zu bringen. Das war wichtig, damit

die christliche Gemeinde in Korinth nicht von vornherein dazu verurteilt war, zu einer folkloristischen Sekte zu erstarren.

– Paulus hat immer wieder versucht, die Praxis der christlichen Gemeinde theologisch zu deuten und zu hinterfragen. Wir finden in seinen Schriften Bruchstücke von Glaubensbekenntnissen, Lobsprüchen und Liedern, in denen der Glaube der christlichen Gemeinden nicht nur festgehalten ist, sondern mit denen christliche Gemeinden ihren Glauben, ja sich selbst ins Wort bringen, sich selbst besinnen und sich selbst mitteilen konnten. Das war wichtig, damit die christlichen Gemeinden sich nicht zersplitterten und sich nicht kopflos einer Praxis hingaben, von der plötzlich niemand mehr so richtig wußte, wohin sie führen würde.

– In diesem Zusammenhang ist ganz besonders die Rückbindung der Gemeinde an Jesus von Nazaret, den Christus Gottes, von Bedeutung. Mag sein, daß das für Paulus selbst noch nicht das große Problem war, weil er den Ereignissen zeitlich noch zu nahe stand. Die Evangelien weisen aber deutlich darauf hin, daß der Rückgriff auf Jesus, seine Reden und Taten, und die Antworten der Apostel, der Jünger und Jüngerinnen unabdingbar geworden sind. Eine Gemeinde, die sich nicht als apostolisch versteht, wird den Boden unter den Füßen verlieren.

– Als Paulus von der Bühne abtrat, mußte er ersetzt werden. Die Funktion, die er in Korinth – wenn auch von ferne – ausgeübt hatte, mußte nach seinem Abgang von jemand anderem wahrgenommen werden. Wahrscheinlich wurde seine Arbeit innerhalb der Gemeinde unter mehrere Leute aufgeteilt. Es brauchte Leute, die dafür sorgten, daß die Gemeinde ihre Probleme, die sie früher Paulus vorlegen konnte, selbst löste. Es brauchte Leute, die der Gemeinde entsprechende Entscheidungshilfen zur Verfügung stellten. Die Lehrer mußten ihr Studium vertiefen; die Gemeindevorsteher mußten umsichtiger und selbständiger und die

Propheten mutiger werden. Es brauchte Leute, die den Kontakt mit den andern Gemeinden herstellten und aufrechterhielten.
Das würde für uns heißen: Wenn es vielleicht auch nicht das Wichtigste ist und wenn je nach Gegend und Mentalität das Bedürfnis auch nicht so stark ist, ein Minimum an Ordnung scheint für eine Gemeinde doch wichtig zu sein. Das vor allem zum Schutz der Kleinen, dann aber auch, um die ewigen Diskussionen um Kompetenz- und Verfahrensfragen etwas einzudämmen, um endlich zur Sache zu kommen. Gewiß, Gemeinden können kommen und gehen. Auch für eine Basisgemeinde, auch für eine Ordensgemeinschaft kann einmal der Kairos vorüber sein; die Kirchengeschichte kennt dazu viele Beispiele. Aber solange der Kairos da ist, die günstige, von Gott gegebene Zeit und Gelegenheit, sollte man alle, aber auch alle organisatorischen Mittel einsetzen, damit das verwirklicht werden kann, was verwirklicht werden muß.

Das Wagnis

Noch einmal: Das Neue Testament spricht nicht von Basisgemeinden im heutigen Sinn. Das Neue Testament spricht aber auch nicht von der Kirche oder von Kirchen, wie wir sie heute antreffen. Eine Basisgemeinde braucht sich deshalb vor dem Anspruch der Bibel nicht mehr und nicht weniger zu rechtfertigen als eine Großkirche. Basisgemeinden brauchen auch nicht den Anspruch zu erheben, die (Volks-) Kirche ersetzen zu wollen. Im Gespräch mit der Bibel, ganz besonders mit dem Neuen Testament, zeigt sich aber, daß sie gute Chancen haben, das Anliegen Jesu Christi leibhaft werden zu lassen, den Zuspruch und Anspruch Gottes in Freiheit zu verwirklichen, ohne die Konflikte, die notgedrungen auf sie zukommen, zu leugnen. Kirche, ob Basisgemeinde oder Großkirche, lebendige Kirche gibt es nur im Eingehen auf das Wagnis. Das Wagnis ist Jesus Christus in unserer Zeit.

Basisgemeinden: Anfragen und Antworten an die Kirche

Dietrich Wiederkehr

«Bei uns sind die Verhältnisse anders»: Man kann das in den europäischen Kirchen oft hören, «oben» von Kirchenleitungen und von Pfarrern, «unten» von Pfarreiangehörigen und -mitarbeitern. In Lateinamerika herrsche größerer Priestermangel; da seien die sozialen und gesellschaftlichen Leidenserfahrungen brutaler und schmerzlicher. Nach außen und innen sehe es in unseren Kirchen noch nicht so schlimm und nicht so arg aus. Die innerkirchlichen organisatorischen Probleme seien auf dem Weg zu neuen und bessern Lösungen des Priestermangels; die außerkirchlichen Notsituationen würden durch die staatlichen und gemeindlichen Assistenzinstitutionen und -träger wahrgenommen und behoben.

Diese rasche und sich abdichtende Beruhigung erweist sich aber als undicht, da es nun doch das Phänomen der Basisgemeinden in Europa gibt, in Holland, Frankreich, Italien, der Bundesrepublik, Österreich und in der Schweiz. Diese Basisgemeinden lassen sich auch nicht relativieren, indem man in ihnen ein «Heimweh»-Mitbringsel von Dritte-Welt-Laienhelfern sieht, die außereuropäische Erfahrungen auch bei uns kultivieren und weiterführen wollen. Denn die Geschichte zeigt, daß es in Europa unabhängig und vorgängig zum verbreiteten Aufbruch der Basisgemeinden in Latein-

amerika schon solche Bewegungen gab mit anderen, eigenen, spezifisch europäischen Entstehungsbedingungen. Sie bilden einen Ausschnitt aus einem gesamtgesellschaftlichen Reaktions- und Innovationsprozeß von Basisdemokratie. Dazu sind erst später Funken aus den lateinamerikanischen Basisgemeinden getreten, Querverbindungen und beispielgebende Inspirationen.
Bei der Entstehung und Weiterentwicklung der lateinamerikanischen Basisgemeinden beobachten wir den Umschlag von einem *quantitativen* zu einem *qualitativen* Faktor: am Anfang stand die mangelnde Versorgung der Kirche mit Pfarrern und entsprechend mit dem genügenden Gottesdienst- und Seelsorgeangebot. Die behelfsmäßige Übernahme solcher kirchlicher Lebensvollzüge durch die Laien hat aber eine tiefergehende Wende eingeleitet. Aus einer betreuten und versorgten wurde eine sich selber tragende und versorgende Kirche. Rückblickend erkennen wir im quantitativen Defizit der fehlenden Priester und Seelsorger ein qualitatives Defizit an kirchlicher Kommunikation und Partizipation. Dieses zweite Defizit ist als erstes sichtbar geworden. Es wäre aber selbst mit einer Beseitigung des ersten Defizits nicht behoben.
Basisgemeinden sind keine Zwischenlösungen, die die Notlage zwischen einer früher ausreichenden und künftig wieder genügenden Versorgung mit Priestern überbrücken und somit wieder entbehrlich werden. Mag also das statistische und quantitative Defizit bei uns in Europa nicht ohne weiteres vergleichbar sein, der anderen Anfrage und der anderen Antwort können wir uns nicht entziehen: Weisen unsere Kirchen und Pfarreien nicht das gleiche *qualitative* Defizit auf wie die Kirche in Lateinamerika? Ein Defizit an Kommunikation inner- und außerhalb der Pfarrei, an Partizipation in Gesellschaft und Kirche? Muß es zu noch größeren quantitativen Engpässen kommen? Oder könnten wir nicht schon vorher das qualitative Defizit erkennen und sanieren?

Das Argument der «andern Verhältnisse» gilt nicht. Die Anfragen und die praktizierten und versuchten Antworten der Basisgemeinden sind anzunehmen und auszuhalten.

Kommunikationsdefizit

Quer durch die verschiedenen Bereiche und Selbstzeugnisse der Basisgruppen hindurch geht als elementarer Anstoß das Leiden an menschlicher Kommunikation auf allen Ebenen, an der wechselseitigen Isolierung und Anonymität der Wohnungen, der Teilnahmslosigkeit an den Belastungen des Nächsten, der Verkümmerung der Gesprächs- und Dialogkultur bis zur spirituellen Not der Einsamkeit und Isolierung. Die Ebenen lassen sich nicht schichtenmäßig voneinander trennen, sondern durchdringen und bedingen einander. Wenn irgendwo, dann setzt hier die Gnade der geistlichen Gemeinschaft und des glaubenden Austausches die Natur der mitmenschlichen Teilhabe und Anteilnahme voraus. Ja, diese ist selber schon ausgesprochen und unausgesprochen ein wesenhafter Lebensvollzug der Kirche als Glaubens- und Liebesgemeinschaft.
Wie sollte dies nicht auch ein Defizit unserer Kirchen und Pfarreien sein? Die allzu große Nähe und Aufdringlichkeit des Nachbarn mochte und mag noch das Problem kleiner Dörfer und Lebensbereiche darstellen – es kann trotzdem auch dort kalte Fühllosigkeit einhergehen mit aufmerksamer Kontrolle und Neugierde. Weit häufiger leiden aber die Menschen in den wuchernden Agglomerationen, Satelliten- und Schlafstädten, am Fehlen von Begegnungen und Gesprächsmöglichkeiten, an entbehrter Hilfeleistung oder auch an abgelehnter und zurückgewiesener Hilfsbereitschaft. Niemand will helfen; niemand will sich helfen lassen. So überrascht es nicht, wenn es neben «säkulären» Formen und Bewegungen von Nachbarschaftshilfe, Betagten-

betreuung und -aktivierung, Krankendiensten und improvisierten Begegnungsmöglichkeiten auch im kirchlichen Bereich ähnliche und analoge Initiativen gibt.

Die spezifisch christliche Motivation und Ausdrucksform mag dabei sehr verhalten oder verborgen bleiben. Sie verbindet und überlagert sich mit schlicht menschlichen Bedürfnissen und Aktionen. Die Basisgruppen schätzen die Lösung dieses Problems im allgemeinen realistisch ein: sie ist sehr komplex, sobald man die Schranken und Isolationsmechanismen zwischen den Gruppen verschiedenen Alters, verschiedener Mentalität, Kultur und Lebensstile analysiert. Da ist mit dem bloßen Appell «Seid nett zueinander!» nicht beizukommen, auch nicht mit religiösen oder moralischen Aufrufen zum gemeinsamen Tragen der Lasten. Im Kontakt und in Kooperation mit anderen und anderweitig inspirierten Basisbewegungen der Gesellschaft sind hier strukturelle und *sozialpolitische* Zusammenhänge freizulegen und zu verändern, wenn die gutgemeinten Kommunikationsbrücken durch das Auseinanderdriften der Schichten nicht bald zerrissen werden sollen. Da könnte ein Zuviel an religiöser Motivation und eine Überinvestition an «christlicher Liebesgesinnung» zu Enttäuschungen oder zu einer Art kommunikativer Gewalttätigkeit führen.

Die Priorität der natürlichen Kommunikation ist auch ein *praktisches* Zuerst. Daraus wird die eigentliche Glaubenskommunikation erwachsen. Sie ist mehr als das stumme Wissen, daß der andere neben mir auch glaubt, auch betet und am Gottesdienst teilnimmt. Sie ist mehr als die spontanen oder organisierten Formen gemeinsamen Betens und Feierns, die immer noch in einem zeitlich und örtlich simultanen, aber nach wie vor individuellen und kommunikationslosen Glauben und Beten sich erschöpfen. Kommunikation wird vielmehr konkret im Austausch von Glaubenserfahrung, in Querverbindungen zwischen den persönlichen und familiären Glaubensbiographien, gestützt und getragen von schlichten elementaren Formen der Hilfeleistung, der Anteilnahme und der Weitergabe von Lebenserfahrung.

Solidaritätsdefizit

So verschieden die soziale und gesellschaftliche Situation in Lateinamerika und in Europa auch sein mag, so geht doch ein gemeinsamer Zug durch diese Basisgemeinschaften hindurch. Sie sind maßgeblich betroffen worden von Gruppen, Klassen und Minderheiten, die innerhalb, am Rand und außerhalb der Kirche nicht zu ihrem Recht kommen. In der Kirche sind es zum Beispiel die nach wie vor benachteiligten Frauen und die an einer vollen Mitarbeit verhinderten verheirateten Priester; in der *Wohl*stands- und *An*standsgesellschaft diskriminierte Gruppen, wie Strafentlassene, Drogensüchtige, Homosexuelle, oder aber wirtschaftliche Opfer auf der Schatten- und Kehrseite der Konsumgesellschaft: Arbeitslose, stellenlose Lehrlinge oder vorzeitig aus dem Arbeitsprozeß ausgestoßene Mittfünfziger. Mit offenen Augen lassen sich nicht nur jenseits des Ozeans unfreie und unterdrückte Menschen erkennen, die ihre Situation nicht aus eigenen Kräften durchschauen und verändern können, sondern nur durch eine offene Solidarisierung ihrer stärkeren Mitbürger und durch die Parteinahme ihrer Brüder und Schwestern.

Die Großkirchen und die durchschnittlichen europäischen Pfarreien wird man nicht als teilnahms- und fühllos bezeichnen. Bei Aktionen und Spendenaufrufen kommen großzügige Resultate zusammen (Fastenopfer, Misereor, Adveniat, Caritas usw.). Wo es aber über momentane und kurzzeitige Aktionen hinausgehen soll zu längerfristigen Veränderungsstrategien der nachteiligen politischen und wirtschaftlichen Verhältnisse, um eine strukturelle, mentalitätsmäßige und gesetzgeberische Verbesserung, da sind die vielen individuellen Willensäußerungen der Solidarität bald gebremst durch die handgreiflichen Interessen, wie sie auch durch das Gros der bürgerlichen Kirchengesellschaft vertreten werden. An solchen Machtblöcken – die wichtiger und bedenklicher sind als die religiösen Spannungen zwischen traditionalistischen oder progressiven Katholiken – kommen breitere Bewegungen und eine Option für die (jeweiligen) Armen bald zum Stocken.

Die religiös verbrämte Sorge um die kirchliche Einheit und die verfrühte Bemühung um Integration, Versöhnung und allseitige Offenheit einer Kirche oberhalb (lies: außerhalb) der Klassenunterschiede lassen es nicht weiter kommen als zu abstrakten, folgenlosen, unpraktischen Appellen an die Nächstenliebe, an die persönliche, aber nur private Hilfeleistung und Caritas. Sobald solche Aktionen und ihre Träger auch die darunterliegenden strukturellen Ursachen analysierend freilegen und einen vorbeugenden Samariterdienst (vor dem «Überfall») in Gang bringen, werden sie von den stärkeren, beharrenden und interessenbewahrenden Kräften zurückgeholt, mit den verschiedenen Möglichkeiten der Pression und Einschüchterung, oft auch unter dem verschleiernden Deckmantel der reinzuerhaltenden Lehre und der zu vermeidenden Politisierung der Kirche. An diesen Interessengeflechten scheitern denn auch meistens die Versuche, eine Pfarrei, ein Bistum oder eine Landeskirche als ganze zu einer konsequenten und weitergezogenen Option zu bewegen.

Basisgemeinschaften suchen gegenüber solchen Fesselungen und Bindungen eine größere, unbehinderte Freiheit. In verschiedenen europäischen Ländern haben gerade solche Solidarisierungsprozesse zur Bildung von Basisgemeinden geführt, zu einer gewissen Ablösung engagierter Gruppen von in ihrem Engagement behinderten Großkirchen und institutionellen Pfarreien. So wirkte in Italien die Einflußnahme der Christdemokraten und des Vatikans durch bestimmte wahl- oder abstimmungspolitische Direktiven (Ehescheidungsreferendum) gerade als Auslöser für den Verselbständigungsprozeß der Basisgemeinden. Natürlich zogen sie sich dadurch als zweifelhaftes «Geburtstagsgeschenk» die Verdächtigung und Diffamierung zu, sie würden in ihrer Politik zu wenig die «christlichen» Werte und die Weisungen der Hierarchie befolgen; dafür seien sie für marxistische und laizistische Einflüsse anfällig.

In gemilderter und gedämpfter Form lassen sich solche Faktoren auch bei den deutschsprachigen Basisgemeinden erkennen, wo immer sie sich von der offiziellen bürgerlichen Politik der «christlichen» Parteien ablösen. Bezeichnenderweise fällt der Vorwurf der «Politisierung» immer erst dann, wenn solche Gruppen anstelle der bisher stillschweigend gutgeheißenen und mitbetriebenen Politik eine andere, abweichende und verändernde Politik in Gang bringen: wo an die Stelle der interessengebundenen Komplizenschaft die mitleidende und mitkämpfende Solidarität tritt. Daß sie dabei in neue Gemeinsamkeiten mit den Zielen und Strategien von andern gesellschaftlichen Bewegungen hineinwachsen, wird die Basisgemeinden nicht verunsichern. Sicher wird sich für sie die Aufgabe stellen, neben allgemeinen und ideell pluralistischen Motivationen für sich selber die christlichen Inspirationen und Motive offen und aktiv zu behalten.

Dann wird das Auseinanderfallen der Kirchen in je zwei Gruppen und Tendenzen vermieden: in eine Gruppe von Christen mit starker traditioneller Frömmigkeitsprägung, die sich einer ausdrücklichen politischen Option enthalten und diese ausschließen; und in solidarisch engagierte Basisgruppen, die sich fragen, warum überhaupt das solidarische Engagement noch an eine religiöse Inspiration und an konkrete Vollzüge kirchlichen Glaubens gebunden bleiben soll. Weil die Frommen nicht politisch sind (obschon sie es auf ihre Weise natürlich auch sind), sind die Politischen nicht fromm. *Dagegen* wehren sich christliche Basisgemeinden im allgemeinen wachsam und in kritischer Solidarität.

Artikulationsdefizit

In der traditionellen Kirchengesellschaft liefen praktisch alle Lebensvollzüge in einer einbahnigen Richtung von oben nach unten. Glaubensverkündigung und Katechese, Anweisung zur sittlichen Lebensgestaltung, Aufträge für kirchliche Mitarbeit usw. wurden von der Hierarchie auf höherer und mittlerer Ebene an die Laien weitergegeben. Dabei konnte die gehorsame Bereitschaft der «hörenden» Kirche gewiß noch mehr als Passivität und Konsumentenmentalität sein und in innerer Lernbereitschaft und in eigenem Verstehen geschehen. Dies ändert aber nichts an der Passivität der Basis, an ihrer Unfähigkeit und Unwilligkeit, selber *Subjekt* ihres Glaubens und seiner verschiedenen Artikulationen zu sein.

Wenn inzwischen die Eigenverantwortung des Glaubens und des sittlichen Gewissenentscheides für die inner- oder außerkirchliche Teilnahme an der Sendung des Christen gewachsen ist, so sind dafür mehrere Faktoren anzuführen. Es wäre eine Vereinfachung und Vereinnahmung, dies allein auf die theologische Aufwertung des Laien in der Kirche zurückzuführen, auf ihre größere Beteiligung an Aufgaben, für die nicht mehr die genügende Anzahl von Priestern vorhanden ist. Das Stichwort «Konzil» wäre eine kirchenimmanente und monokausale Erklärung, die den vorausgehenden und gleichzeitigen gesellschaftlichen Veränderungen zu wenig Bedeutung beimäße. Man wird mindestens auch das Umgekehrte annehmen müssen: Das Erwachen und der Aufbruch der Laien in der Kirche ist eine Spätfolge des gesellschaftlichen Demokratisierungsprozesses seit der Aufklärung und der Französischen Revolution. Anstatt kirchenarrogant oder in ideologisierter Theologie dafür Konzilsdokumente oder päpstliche Maßnahmen zugunsten der Laien anzuführen, wäre es ehrlicher, sich selbstkritisch zu fragen, warum es so lange ging, bis die umgebende Demokratisierung endlich auch die kirchlichen Strukturen und Entscheidungswege veränderte. Manchmal dienen die aufgebotenen bibeltheologischen oder ekklesiologischen Belege eher als nachträgliche Umbuchungen von Anstrengungen, Überlegungen und Legitimationen, die zuerst und lange genug *gegen* die herrschende Ekklesiologie und Kirchenverfassung angerufen werden mußten.

Basisgemeinden allerdings halten sich nicht lange bei diesen früheren Behinderungen und Entmündigungen auf, sondern praktizieren die neue Mündigkeit. Was in der offiziellen Kirche oft genug Konzilsbuchstabe bleibt und nicht praktizierter Gemeindegeist wird, ist in vielen Basisgemeinden selbstverständliche Praxis geworden. Alle Christen nehmen da am Hören und am verstehenden Auslegen des Evangeliums teil. Sie bringen ihre Lebens- und die damit verwachsene Glaubenserfahrung ein.

Das Defizit an gemeindeeigener, auf ihrem Boden und aus ihren Erfahrungen gewachsener Liturgie und Ritualen ist durch die Liturgiereform noch verstärkt und deutlich greifbar geworden. Auch bei diesem Liturgieverständnis blieb die Gestaltung des Gottesdienstes und der Feiern des christlichen Lebens nach wie vor in den Händen der elitär Kompetenten, der Sachverständigen in der Geschichte und in den Strukturen der Liturgie. Fatalerweise schrumpften mit der Übersetzung der Liturgie in die Volkssprache die vielen Formen der paraliturgischen Volksfrömmigkeit. Dafür sind nicht nur die liturgischen Puristen anzuklagen, die dem Volk seine eigene, ursprüngliche Frömmigkeit wegnahmen, sondern auch ein großer Teil dieses Volkes, das sie sich gefügig und widerstandslos wegnehmen ließ.

Die Basisgemeinden setzen die theoretische Legitimation

für eine eigene und eigenständige Artikulation ihres persönlichen, familiären und gemeindlichen Glaubens in die Praxis um, in neue Formen der Familienspiritualität sowie in eine religiöse Erziehung der Kinder, die sie nicht dem eigenen Empfinden und ihrer Vorstellungs- und Gefühlswelt entfremdet. Sie finden sich zusammen zu Gottesdiensten, in denen Erfahrung und betroffene Solidarität für die nahe und weite Welt als neue Themen und Motive mit der großen liturgischen Überlieferung verbunden werden. Vorübergehend mag dies gelegentlich so weit gehen, daß die Versuche eigener Sprache, eigener Symbole und Feiern sich einer als starr erlebten liturgischen Ordnung entziehen.
Bei einem flexiblen Umgang mit der großen und unbestrittenermaßen reichen liturgischen Tradition lassen sich aber neue fruchtbare Synthesen und kreative Formen finden. Näher besehen, war ja die offizielle Liturgie nicht so starr und verschlossen für ortskirchliche Eigenheit und für Ereignisse in der lokalen und gemeindlichen Glaubens- und Lebensgeschichte. Wenn sie Einschübe im Kirchenjahr oder für die einzelne Ortskirche offenhält, zuläßt und sogar dazu einlädt, dann ist es den Basisgemeinden nicht zu verwehren, wenn sie dies in noch größerem und freierem Maß tun: bei der Gestaltung des Kirchenjahres, bei der Feier der Lebensfeste von Geburt, Taufe, Hochzeit und Tod, aber auch in vielen einfacheren und alltagsnäheren gemeinschaftlichen Feiern. Sie tun es dann in einer Wort- und Zeichensprache, die ihrer eigenen Zeichenwelt und -kultur nicht so fremd ist und auch größere Beweglichkeit zuläßt. Wurzelgrund für diese neue Artikulation ist auf alle Fälle nicht eine ausgesparte religiöse Sonderwelt, sondern alles, was eine Basisgemeinde in ihrer offenen Solidarität an Leben und Glauben unter sich zu teilen und auszutauschen hat.

Partizipationsdefizit

Mit Absicht ist dieser Aspekt der Basisgemeinden erst an letzter Stelle genannt, obschon er in der kirchlichen Diskussion weiter vorn steht. Dort heißt es oft, Basisgemeinden seien problematische Weisen gemeindlichen Lebens, mit anderen, freien Organisationsformen, die zur Ämterordnung und zur Theologie der Priesterweihe in Spannung, wenn nicht gar in Widerspruch stünden. Mit dieser schon immer etwas alarmierten Stimmung verkennt man aber die innere Lebensdynamik der Basisgemeinden. Nicht als ob Fragen der eigenen Organisation, der Aufgabenverteilung, der wechselseitigen Verbindungen unter den Basisgemeinden und das Verhältnis zur institutionellen und traditionell organisierten Kirche keine Themen wären. Aber sie sind es erst als Folge und dynamische Logik der Erfahrungen und der Eigenentwicklung der Basisgemeinden.

Diese sind nicht ausgezogen, um die institutionelle Kirche das Fürchten zu lehren, ihre Ordnung subversiv oder anarchisch umzustürzen, sowenig sie um jeden Preis ihren Glauben anders formulieren und feiern wollen. Dies alles wächst hervor aus einer Bewegung, die zuerst Lebensbewegung, offenen Austausch von Glaubens- und Lebenserfahrung sowie engagierte Solidarität sucht und verwirklicht. Daß die Basisgemeinden die sich daraus stellenden Aufgaben, Probleme und Verantwortlichkeiten frei und beweglich ordnen, daß sie nicht von festen Ämtern her funktionieren, sondern von Funktionen her bestimmte Dienste entwickeln, versteht sich von selber.

Maßgebend wird dabei die Konsequenz gezogen aus der Grundentscheidung der Basisgemeinden, daß in ihr alle den Status und die Würde von *Subjekten* haben, als verantwortliche und mündige Menschen und Christen. Auch die einzelne Basisgemeinde ist nicht ein verlorener und verfügter Baustein in einem unüberschaubar großen Kirchenbau, sondern hat wiederum selber als Gemeinschaft eine eigene Identität und Verantwortung. In der katholischen Großkirche wird verbal zwar auch beteuert, im Konzil sei den einzelnen Ausdifferenzierungen des Amtes das *Volk* Gottes vorangestellt worden. Das ist aber in den Basisgemeinden keine bloß rhetorische Präambel. Vorgängig zu den notwendigen Aufgabenverteilungen, die sich auch in einer Basisgemeinde als organisatorische Maßnahmen stellen (soziale Dienste, solidarische Informationsaufgaben, theologische begleitende Reflexion, Gottesdienstgestaltung), sind an diesen Bereichen und Vollzügen alle beteiligt. Auch bei einer nötigen Spezialisierung schieben sie diese nicht einfach an einen neuen spezialisierten «Klerus» ab.

Zu den meisten Basisgemeinschaften gehören auch Priester oder professionell ausgebildete Theologen. Aber diese haben sich auf eine neue Ortung ihrer eigenen Kompetenz und Tätigkeit einlassen müssen, wenn sie nicht die anderen Mitglieder von Anfang an überfahren und entmündigen wollten. Sie haben sich eingelassen auf diesen Prozeß aktiver und allgemeiner Partizipation und Artikulation des Gemeindelebens und sind so auf andere Art und Weise Theologen, Priester, Katecheten, Sozial- oder Jugendarbeiter usw. Sie müssen sich ihren Dienst neu anweisen lassen, wobei sich an dieser Suche und diesen neu integrierten Tätigkeiten die ganze Basisgemeinschaft in gemeinsamer Überlegung, Beratung und Entscheidung beteiligt.

Es ist falsch und eine böswillige oder ahnungslose Unterstellung, wenn gelegentlich den Basisgemeinden vorgeworfen wird, sie nivellierten die überlieferte Ämterordnung auf eine Anarchie, bei der alle alles machen. Vielmehr aktivieren sie nur einen Prozeß, den es im Verlauf der Kirchengeschichte schon mehrmals gegeben hat und der immer wieder zu einer neuen Ausgliederung kirchlicher Dienste und Ämter führte. Nur ist das Gedächtnis der offiziellen Kirche so kurz – so traditionslos! –, daß es sich nicht mehr an den dynamischen Werdegang der jetzigen Ämterordnung erinnert und diese für eine fixe, dem Leben und den Lebensnotwendigkeiten der Gemeinde *vor*gegebene Anordnung Christi oder Setzung «göttlichen Rechts» hält. In Wirklichkeit sind Ämter und Weiheordnung entstanden und immer wieder verändert und angepaßt worden, indem die Gemeinde als Ortskirche oder als weltweiter Gemeindeverband ihre organisatorischen Probleme erkannt und gelöst hat. Lange Zeit war denn auch jeweils das ganze Volk Gottes in der kleinen Ortsgemeinde oder in regionalen oder überregionalen Zusammenschlüssen an dieser Umschreibung und Ordnung der Dienste beteiligt. Es ist schwer, zu sagen, ob die damalige Basis dieser Partizipation durch die wachsende Klerikalisierung beraubt *wurde* oder ob sie durch schwindendes Interesse und erlahmende Mitverantwortung sich selber freiwillig hat berauben *lassen:* das eine war ohne das andere wohl nicht möglich.

So verwundert es nicht, daß in den europäischen Basisgemeinden Erfahrungen von breiter, abgestützter Partizipation eingebracht werden, wie sie einzelne Mitglieder in lateinamerikanischen Basisgemeinden bereits gemacht haben. Die noch traditionell organisierte katholische Kirche muß sich von diesen Erfahrungen und Neustrukturierungen her fragen lassen, wie sie dem Partizipationsdefizit gerecht werden will. So einfach darf die Antwort und die Selbstberuhigung nicht sein, daß man auf das erweiterte und bereicherte Spektrum kirchlicher Dienste und Dienstträger hinweist, etwa auf die Laientheologen, Pastoralassistenten, Katecheten oder die vollamtlichen Frauen im kirchlichen Dienst. Ohne diese Öffnungen geringzuachten, die größere grundsätzlich strukturelle Veränderungen auslösen und beschleunigen, bestehen nach wie vor große Unterschiede zu den Basisgemeinden, in denen die Basis als Subjekt und Träger kirchlicher und gemeindlicher Verantwortung ernstgenommen wird.

Eine Ausweitung des Dienst-Spektrums könnte die klerikale Struktur der kirchlichen Organisation, der Willensbildung und der Entscheidungsprozesse immer noch unverändert erhalten. Nochmals ist daran zu erinnern, daß die Basisgemeinden ihre neue oder erneuerte Aufgabenverteilung nicht isoliert als «Ämterreform» verstehen, sondern im größeren Zusammenhang einer umgekehrten Lebensbewegung, als Konkretisierung und strukturelle Kristallisierung einer Kirche, in der möglichst viele an den verschiedenen Lebensvollzügen partizipieren.
Basisgemeinden signalisieren Mangelkrankheiten der Großkirchen und ihrer Organisations- und Lebensformen. Sie tun es aber nicht bloß in der negativen Registrierung und Anzeige von Defiziten, sondern in einer bereits positiven und kreativen Aufarbeitung und Überwindung. Einstweilen tun dies die meisten Basisgemeinschaften noch innerhalb der Kirche in einer Verbundenheit, die zwar da und dort spannungsvoll, aber noch nicht krisenhaft oder «schismatisch» geworden ist. Sollte es aber einmal zu einer Spaltung kommen, wäre immer noch zu fragen, wer sich von wem trennt, welcher Organismus sich zuerst dem anderen gegenüber verschließt, ihn abstößt oder zur Ablösung treibt. So weit ist es mit unseren Basisgemeinden sicher noch nicht. Aber die Anfragen und die Antworten sind noch viel ernster zu nehmen als bisher.

Ausblicke

Wie die Entwicklung der Basisgemeinschaften weitergehen wird, läßt sich bei einem so dynamischen Prozeß schwer voraussagen. Da aber das Unbehagen an der «Versorgungskirche» und ihren doktrinären Auflagen aller Voraussicht nach weiterbestehen wird, und da die Probleme der Dritten Welt zunehmend auch unsere Probleme sein werden (wachsende Kluft zwischen Arm und Reich, Arbeitslosigkeit, Ausbeutungsmechanismen, Umweltzerstörung, Isolation usw.), werden Basisorganisationen als not-wendige Selbsthilfestrategien oder gar Überlebensversuche sich weiter entfalten. Wie die nachfolgenden Beiträge zeigen, ist diese Entwicklung in der Bundesrepublik bereits recht deutlich und in Brasilien auf einem Höhepunkt.

Kirche von unten

Thomas Seiterich

Das größte Bündnis der Basisorganisationen, der kritischen Initiativen, Gemeinden und Gruppen innerhalb der katholischen Kirche der Bundesrepublik bildet die *Initiative Kirche von unten (IKvu).* Sie zählt derzeit 56 Mitgliedsgruppen, von der «Arbeitsgemeinschaft von Priester- und Solidaritätsgruppen» über die «Berliner Initiativgruppe Stolperstein» bis zur «Vereinigung katholischer Priester und ihrer Frauen». Die Initiative Kirche von unten versteht sich als ein Bundesschluß der kritischen Christen in der Bundesrepublik, als eine Organisation, die mit einem Mindestmaß an – im übrigen basisdemokratischen – Strukturen auskommt. Sie hat die «Katholikentage von unten» in Berlin, 1980, in Düsseldorf, 1982, in München, 1984, und 1986 in Aachen veranstaltet.

Die Hauptakzente der IKvu-Arbeit wandeln sich mit den Zeiten; die Themenfelder, die steinigen Äcker, die bearbeitet werden, bleiben sich gleich. Es sind:

– *Gerechtigkeit,* ausgehend von einer Theologia crucis, einer Theologie des Kreuzes; Gerechtigkeit hierzulande und weltweit. Da wird konzentriert über die Zerstörungswirkung westdeutscher Exportmacht und über die Folgen der Geschäfte westdeutscher Multis nachgedacht und – wenigstens zeichenhaft – dagegen gehandelt. (Siehe dazu: Paulo Evaristo Ars, Kardinal der Ausgebeuteten, Walter 1987.)

– *Widerstand gegen die Benachteiligung der Frauen* in Gesellschaft und katholischer Kirche. Die feministischen Theologinnen finden ihr öffentlichstes Forum auf den «Katholikentagen von unten», wenn eine gutvorbereitete und gutbesuchte Frauenveranstaltung sich an die nächste anschließt. Erfreulicherweise nimmt auch die Leitung der «Katholischen Frauengemeinschaft Deutschlands», eines traditionsreichen katholischen Verbandes, der in Pfarrgruppen rund eine Million Mitglieder zählt, an den Frauen-Diskussionen der IKvu teil. Da schwinden Berührungsängste – das frauenfeindliche Auftreten einiger westdeutscher Bischöfe und der römischen Kirchenleitung trägt seinen Teil dazu durchaus bei.

– *Arbeit für die «Christenrechte in der Kirche».* Die katholische Kirche zählt in der Bundesrepublik weit über 200000 Arbeitnehmerinnen und Arbeitnehmer und rangiert damit in der Rangliste der größten Arbeitgeber ganz weit oben. Wenn eine katholische Arbeitnehmerin nun einen geschiedenen Mann heiratet oder sich ein katholischer Kirchenangestellter zur «falschen» Partnerin bekennt, reagiert der kirchliche Arbeitgeber oft hart und unchristlich mit dem Rauswurf. Dessen Folgen sind, angesichts einer seit Jahren anhaltenden Massenarbeitslosigkeit von über zwei Millionen Menschen, für die Betroffenen oft fatal.

– *Liturgie, Gebet, Gottesdienst:* Wie können wir den Glauben an Jesus Christus bekennen – mitten in unserer zerrissenen, von Ausbeutung und Entfremdung gezeichneten Gegenwart? Wie können wir den Götzen Profit, Leistung, Macht, Konsum, Geld widerstehen und widersagen? Können wir – die wir wie der alttestamentliche Jonas im Bauch des kapitalistischen Ungeheuers sitzen – überhaupt an ein und demselben Abendmahlstisch in Gemeinschaft mit unseren bedrückten Mitchristen in der Tschechoslowakei oder in den Flüchtlingslagern von Honduras sitzen und das eucharistische Brot teilen? Fragen über Fragen. IKvu-Mitgliedsgruppen versuchen hie und da kreative liturgische Antworten:

Das öffentliche Gebet beispielsweise für die verhafteten Bürgerrechtler und Apartheidgegner in Südafrika vor der südafrikanischen Botschaft und südafrikanischen Reisebüros; das öffentliche Requiem und Totengedenken jedes Jahr am 24. März, dem Romero-Todestag, im Gedenken an die Ermordeten in Zentralamerika, vor US-Gebäuden. (Siehe hierzu: Oscar Arnulfo Romero, Blutzeuge für das Volk Gottes, Walter 1986.)

Die «stellvertretende Herbergssuche»: Als salvadorianische Provinz-Bischöfe 1981 ihre Kirchen den fliehenden Zivilisten verschlossen und diese daraufhin auf den Stufen etlicher Kathedralen vor den verschlossenen Kirchentüren vom Militär reihenweise niedergeschossen wurden, besetzten IKvu-Mitglieder aus Dritte-Welt-Gruppen und Basisgemeinden symbolisch als «stellvertretende Herbergssuchende» den Kölner Dom.

Wenn es jedes Jahr im Mai in der Banken-Metropole Frankfurt am Main bei den Aktionärsversammlungen etwa der Deutschen oder der Dresdner Bank um die Dividenden und Profite aus dem Südafrikageschäft geht, zelebrieren Pax-Christi-Gruppen, evangelische Anti-Apartheid-Frauen und Mitglieder von Basisgemeinden draußen vor der Tür einen liturgisch durchdachten, provokativen «Tanz um das goldene Kalb», um ihrem Protest öffentlich-biblisch Ausdruck zu geben.

– *Frieden:* Den IKvu-Gruppen, -Initiativen und -Gemeinden geht es, ähnlich wie der breiten, aus dem Raum der evangelischen Kirche kommenden Friedensbewegung, um ein konkretes «Nein ohne jedes Ja» zu Massenvernichtungswaffen. Anzeigenaktionen in der rechtskonservativen Frankfurter Allgemeinen Zeitung (FAZ) – sie wird von den Regierenden in West und Ost gleichermaßen gelesen –, öffentliche Mahnwachen, gewaltfreie Sitzblockaden und etwa die jährlichen Wallfahrtsaktionen der «Ordensleute für den Frieden» geben dem gemeinsamen Anliegen Ausdruck.

– *Schutz der bedrohten Schöpfung:* Aus den gewaltfreien Widerstandsbewegungen gegen die umweltzerstörenden Großtechnologien sind die der IKvu verbundenen Christen nicht wegzudenken. In Wackersdorf in der Oberpfalz, in der Region um die projektierte, von Bayerns CSU-Regierung durch massiven Polizeieinsatz geförderte atomare Wiederaufarbeitungsanlage WAA regt sich ein örtlich verwurzelter, christlich motivierter und kirchlich beheimateter kreativer Widerstand, ebenso wie in den katholisch-evangelischen Bauerndörfern auf dem zunehmend von Raketensilos zubetonierten Hunsrück westlich des Rheins.

– *Engagement an der Seite der an den Rand gedrückten, ausgestoßenen sexuellen Minderheiten:* Für die «Arbeitsgemeinschaft Homosexuelle und Kirche» ist der Katholikentag von unten ein wichtiges Forum. Dort wird nicht nur werbend, sondern auch selbstkritisch öffentlich diskutiert und nachgedacht. Etwa wenn die von ihrer Umwelt eingeschüchterten Eltern von betroffenen jungen Homosexuellen das Wort ergreifen oder wenn die interne Diskriminierung von weniger angepaßten Gruppen der Homosexuellen-Szene durch mehr angepaßte, in den Kirchen lieber gesehene unauffälligere Gruppen der Homosexuellen zur Debatte steht.

Die *Tagesordnung für die kommenden Jahre* der Arbeit der «Initiative Kirche von unten» hat der brasilianische Kardinal Dom Aloísio Lorscheider auf dem Münchner Katholikentag von unten 1984 während der Nacht der Solidarität vorgegeben. Lorscheider machte sich die Anliegen der IKvu zu eigen und sagte an die Adresse der kritischen Christen in der Bundesrepublik:

«Viele denken, in Lateinamerika gehe es um Unterentwicklung oder Entwicklung. Doch das steht gar nicht zur Debatte. Man soll von Freiheit und Unterdrückung sprechen. Die Armen bei uns sind keine unterentwickelten Leute. Sie sind Unterdrückte. Man hat ihnen die Stimme geraubt. Deshalb vegetieren sie dahin als *Nicht-Menschen.* Diese Menschen müssen wieder ihre Stimme erhalten. Wir müssen zu ihnen stehen. Wir müssen zeigen, daß wir an sie glauben.

Notwendig ist ein Prozeß der *Befreiung.* In diesem Prozeß sollen die Armen die Subjekte ihrer eigenen Befreiung sein. Dieser Weg der Befreiung nimmt seinen Anfang unten, in den Basisgemeinden. Dort kommt jeder zur Sprache.

Oft hört man den Vorwurf, die Theologie der Befreiung sei politisch engagiert. In der Tat: die Befreiungstheologie will eine neue, veränderte Gesellschaft in Christus. Deshalb ist sie politisch engagiert. Es gibt ohnehin keine Theologie, die nicht politisch engagiert ist.

Die Befreiungstheologie sucht das Gespräch zwischen Realität und Glauben, nicht – wie bislang in Europa – zwischen Vernunft und Theologie.

Jede Theologie muß eine Befreiungstheologie sein. Eine Theologie, die bremst, können wir nicht unterschreiben. Sie muß zur Freiheit führen.

Ihr in Deutschland setzt große Hoffnungen in uns, und umgekehrt setzen wir in Lateinamerika große Hoffnung in euch. Was wir von euch erwarten? Stellt euch die Frage: Habt ihr in Deutschland keine Unterdrückten? Ihr müßt anfangen, denen bei der Befreiung beizustehen, die bei euch in Deutschland unterdrückt sind. Wenn ihr die Befreiung bei euch erfahrt, dann könnt ihr uns damit die beste Solidarität erweisen.
Ihr in Deutschland könntet ein leuchtendes Beispiel der Ökumene werden. Alle Christen müssen sich zusammensetzen und die vorhandenen Probleme klären.
Und ein zweites wünschen wir uns von euch: Stellt euch die Frage: Unterdrückt euer Land, eure Wirtschaft andere Nationen? Das ist die zweite Frage, die die Armen in Lateinamerika an euch Christen in Deutschland stellen. Es ist eine Aufgabe christlicher Solidarität, diese Ausbeutung in Zukunft zu verhindern.» (Über und von Aloísio Lorscheider erscheint demnächst ein Buch im Walter-Verlag.)

Trotz all ihrer couragierten Aktivitäten ist Pax Christi, ist die Initiative Kirche von unten, sind die kritischen Minderheiten im westdeutschen Katholizismus – im Vergleich zur geldmächtigsten katholischen «Ober»-Kirchenprovinz der katholischen Weltkirche – ohnmächtig. Ein Bild aus dem Neuen Testament schildert die Lage der bundesdeutschen Basis-Christen zutreffend: Jesus und die Jünger beim Seesturm. Die bundesdeutschen Basis-Christen haben, wie seinerzeit die Jünger, die Angst: «Herr wir gehen unter!» Doch dank Jesu Nähe und Anwesenheit geht ihr Schifflein im Sturm nicht unter, werden die Ohnmächtigen gerettet.

Volk Gottes auf der Suche nach dem Verheißenen Land

Horst Goldstein

Die *kirchlichen Basisgemeinden Brasiliens* feierten vom 21. bis 25. Juli in Trindade (Staat Goiás) ihr *sechstes Nationaltreffen.* Es stand unter dem Thema «Volk Gottes auf der Suche nach dem Verheißenen Land». Aus den vierzehn Pastoralregionen hatten sich diesmal [1] 1300 Vertreter der Kirchlichen Basisgemeinden (KBG), allesamt kleine Leute, zusammengefunden. Hinzu kamen – neben 35 Beobachtern aus Brasilien – noch an die 90 Beobachter aus der christlichen Ökumene: 56 aus nahezu allen lateinamerikanischen Ländern, zehn aus Europa und sieben aus Afrika und Asien sowie 16 Repräsentanten evangelischer Kirchen, einschließlich des Weltkirchenrates. Nicht zu übersehen waren die zehn Delegierten der indianischen Völker. Unter den dreißig Beratern aus Sozialwissenschaft, Publizistik, Pastoral und Theologie wurde Leonardo Boff mit besonderem Beifall bedacht. Gut 50 brasilianische Bischöfe – zuzüglich des niederländischen Kardinals Adrian Simonis und der Bischöfe Luigi Bettazzi aus dem italienischen Ivrea und Carlos Alberto Nicolini aus Salto, Uruguay – hatten den Weg in die Sporthalle des zentralbrasilianischen Wallfahrtsortes Trindade gefunden; weitere 39 Bischöfe mußten sich die Reise versagen, weil ihre Teilnahme der hierarchischen Präsenz ein ungebührliches Gewicht verliehen hätte. Insgesamt fanden sich 1700 Menschen zusammen: zu Gespräch und Gesang, zu Gebet und Gelage (Mahlzeiten im roten Staub der brasilianischen Erde), zu Diskussion und szenischem Spiel, zu Reflexion und Feier, zu Liturgie und Begegnung [2].

Das Geschehen: «Wie die ganze Kirche zu sein hat»

Eröffnet wird die Versammlung am Abend des 21. Juli 1986 durch den Erzbischof der Erzdiözese Goiânia, zu der Trindade gehört: Dom *Antônio Ribeiro de Oliveira.* Dieser begrüßt die Teilnehmer aus den vierzehn Pastoralregionen der Brasilianischen Bischofskonferenz, die Beobachter aus Lateinamerika – unter besonderem Beifall für die anwesenden Nikaraguaner –, Nordamerika, Europa, Afrika und Asien sowie die teilnehmenden Bischöfe aus dem In- und Ausland. Sodann verliest er ein an ihn gerichtetes Telegramm aus Rom von Kardinal-Staatssekretär *Casaroli:* «Gemäß ihm vorgetragener Bitte erfleht Heiliger Vater über Teilnehmer am sechsten Treffen kirchlicher Basisgemeinden in Trindade in dieser Erzdiözese Beistand und göttliches Licht für guten Erfolg, damit KBG in Brasilien ihrem Auftrag, durch Teilen und brüderliches Verhalten in Christus Raum der Liebe zu sein, treu bleiben – treu bleiben ihrer Identität, durch die Bindung an ihre Bischöfe Kirche zu sein, sich zu Werkstätten christlicher Bildung zu entwickeln und sich ganz vom – im Sinn des Lehramtes gelesenen – Evangelium durchdringen zu lassen, im ständigen Dienst an allen Menschen, in nichtausschließlicher Option für die Armen, als Beitrag zu einer menschlicheren Gesellschaft und durch die Gestaltung aller Dinge in der Kraft Christi. Mit erbetenem apostolischem Segen. Kardinal Casaroli.»
Durch die Menge hindurch werden sodann die Osterkerze, die Bibel, eine Statue Unserer Lieben Frau von Aparecida und ein aus dem Holz eines Hauses, aus dem seine Bewohner vertrieben wurden, gezimmertes Kreuz nach vorne getragen – die Osterkerze als Zeichen des Sieges des auferstandenen Herrn, die Bibel als wirksame Anwesenheit seines Wortes, das Bild der schwarzen Mutter Gottes von Aparecida (Wallfahrtsort im Staat São Paulo) als Trost für alle, die – von Leid geschlagen – des Trostes bedürfen, und das

Kreuz als Ausdruck der Gemeinschaft mit dem leidenden und getöteten Herrn Jesus. Aus den vierzehn Regionen Brasiliens wird dann ein Quantum Erde in ein gemeinsames Gefäß gegeben und dort vermengt, in der Hoffnung, daß durch die Arbeit, das Leiden und das Hoffen all dieser Männer und Frauen ein neues Land und eine neue Erde entstehen, auf denen in Frieden und Gerechtigkeit der Herr selbst unter seinen Söhnen und Töchtern, seinen Brüdern und Schwestern wohnen kann.

In Prozession bewegt sich die Versammlung bergaufwärts in die Wallfahrtskirche zu einem szenisch gestalteten Gottesdienst. Dort begrüßt ein riesiges Transparent die Beter: «Die heiligste Dreifaltigkeit ist die beste Gemeinschaft.» Wer von diesen Kleinen sollte wohl an der Wahrheit dieses Satzes zweifeln?

Der erste Arbeitstag (22. Juli 1986) steht unter dem Motto: «Die neue Art und Weise, wie die ganze Kirche zu sein hat.» Beim Morgengebet, das von Frauen (schwarzen Arbeiterinnen, dunkelhäutigen Hausbediensteten und ehemaligen Prostituierten), Zuckerrohrschneidern (am 11. Juli sind erst wieder in Leme – Staat São Paulo – zwei Zuckerrohrschneider ermordet worden), Fischern, besitzlosen Kleinbauern und Arbeitern gestaltet wird, gibt eine Frau – Laiin, Schwarze, Mutter und Hausfrau – den Segen. Und wieder erklingt es: «Jung sind wir und wollen Gemeinschaft – Volk als Samen einer neuen Nation! Jung sind wir und leben die Liebe, sind Gemeinde und Volk des Herrn.»

Das Generalthema des Tages wird in vier morgendlichen «Plenarien» in vier Einzelaspekte aufgeschlüsselt: 1. «Identität und Auftrag der KBG», 2. «Glaube und Politik», 3. «Befreiende Spiritualität der KBG und Bibel» und 4. «KBG, Hierarchie und Ämter». Die Diskussion verläuft nach einem strammen Schema: fünf Minuten Austausch mit der Person, die einem in einer Doppelschlange gegenübersitzt; dann weiterrücken, dreimal; eine Stunde Gespräch in einem Kreis von 15 Personen; schließlich Gesamtrunde des Plenariums. Immer kreist es um konkrete Erfahrungen. So etwa in dem Plenarium «KBG, Hierarchie und Ämter». Hier lauten die Arbeitsaufträge: Wie überwinden die KBG Mißverständnisse und Spannungen in der Kirche?, und: Wie tragen die neuen Dienste zum Entstehen der neuen Art und Weise, Kirche zu sein, bei? «Was meint ‹Dienste› bzw. ‹Ämter›?», will jemand wissen. Man findet: «Natürlich nicht allein die herkömmlichen Funktionen wie Katechese und Kommuniondienst, sondern auch das Engagement eines KBG-Mitgliedes in einer politischen Partei oder in der Gewerkschaft, in einem Gesundheits- oder Bildungswerk oder im Einsatz für die Menschenrechte. Man kommt zu der Meinung, zwischen Binnen- und Außenämtern unterscheiden zu sollen, die freilich alle Funktionen derselben Gemeinde seien und zum Wachstum derselben Gemeinde beitragen müßten. Gewiß, heißt es, mangele es nicht an Schwierigkeiten mit einzelnen Pfarrern und Bischöfen.

Insgesamt aber sind sich die Teilnehmer des Herausforderungscharakters des heutigen Themas bewußt: «Die neue Art und Weise, wie die ganze Kirche zu sein hat». Es geht darum, daß die Kirche der Kleinen, Zukurzgekommenen und Armen ein lebendiger Aufruf an die ganze Kirche sein will, sich zum armen Jesus der Kenosis und des Dienstes an der Welt zu bekehren. Essentiell dabei ist, daß diese Kirche der Armen nicht nur aus den Laien an der Basis besteht, sondern gleichfalls aus Priestern und Bischöfen, einschließlich der Brasilianischen Bischofskonferenz (CNBB), insofern sich alle in einer Gemeinschaft des Glaubens und des Handelns, des Hoffens und des Sich-Erinnerns, des Liebens und des konkreten Lebens mit den Armen wissen. So verstanden, sind die KBG – nach einem Wort von Paul VI., an das Dom *Luís Fernandes,* Bischof von Campina Grande (Staat Paraíba) und einer der größten Förderer der Basisgemeinschaften, erinnert – «eine Hoffnung für die universale Kirche» (Evangelii Nuntiandi).

Der Kampf für eine neue Gesellschaft

Beeindruckend, wenn für manch einen europäischen Beobachter vielleicht aber auch ein wenig zu direkt, die Bußfeier am Abend. Barfuß zieht die Menge durch den Staub und über Steine zu einem mächtigen Feuer. Auf Wandzeitungen geschriebene «Sünden» werden verbrannt. Wer sich noch anderer Schulden bewußt ist, nennt sie laut und wirft sie mit geballter Faust symbolisch gleichfalls ins Feuer. Man bittet den Nachbarn um Vergebung und zeichnet einander zur Versöhnung ein Kreuz auf die Stirn.

«Kampf für eine neue Gesellschaft» ist der zweite Tag (23. Juli 1986) überschrieben. Das Morgengebet hat die Gestalt einer Solidaritätsbekundung mit der Weltkirche. Vertreter aus 23 Ländern werden auf das Podium geladen. Mit großem Beifall nehmen die Teilnehmer die Botschaft entgegen, die der niederländische Kardinal Adrian Simonis selber in portugiesischer Sprache vorträgt:

«Ihnen allen möchte ich in großer Schlichtheit sagen: Es ist erstens eine große Freude für mich, unter Ihnen sein und einen so dichten Augenblick des Lebens der Kirche erfahren zu können. Ich bin aus dem fernen Holland gekommen, um mit Ihnen denselben Glauben, dieselbe Hoffnung und dieselbe Liebe zu teilen, die uns in Jesus Christus miteinander verbinden. Zweitens: Wenn Holland zum Zustandekommen dieses Treffens hat beitragen können[3], und wenn unser Land zahlreiche Ordensleute nach Brasilien geschickt hat, die mit Ihnen an der Ausbreitung des Reiches Gottes arbeiten, dann erhalten wir jetzt das Beispiel dieser Gemeinden zurück, die so voller Leben und brüderlicher Solidarität sind. Könnten in unseren holländischen Kirchen doch auch pfarreiliche Gruppen entstehen, die eine im Glauben wirksame Liebe leben wie Sie! Aufgrund der Erfahrung dieser Tage scheint mir drittens, daß Sie auf einem guten Weg sind. Ich sehe, daß diese Art und Weise, Kirche zu sein, sowohl einem kirchlichen Glauben als auch dem Wort Gottes, wie es von der Kirche verdeutlicht wird, entspringt. Ich hoffe, daß Sie diesen Weg weitergehen und noch viele echte kirchliche Gemeinden gründen können. Seien Sie dort, wo Sie leben, das kritische Gewissen! Mit dem Licht des Wortes Gottes mögen Sie die Ereignisse des Lebens erleuchten und evangeliumsgemäße Lösungen für die tägliche Probleme suchen. Brasilien, das ja ein ‹Land Gottes› ist, muß auch ein Land von Brüdern und Schwestern werden! Ich wünsche mir, daß Ihre Arbeit jedem Bruder hilft, seine Würde als Person und als Kind Gottes wieder zu entdecken und daß alle denselben Glauben, dieselbe Hoffnung und dieselbe Liebe wie auch die gleichen Chancen haben.»

In vier «Plenarien» wird sodann das Tagesthema «Kampf für eine neue Gesellschaft» erörtert. Im Blick auf die für den 15. November 1986 vorgesehene Wahl zu einer Verfassungsgebenden Versammlung in Brasilien ist vor allem das erste Unterthema wichtig: «Verfassungsgebende Versammlung des Volkes und neue Verfassung». In den drei weiteren «Plenarien» geht es um 1. «Volksbewegungen und besondere Kämpfe (Frauen, Schwarze und Indianer)», 2. «Politisches Projekt des Volkes» und 3. «Welt des Arbeiters und Gewerkschaftsbewegung».

Zum Verständnis des Tagesthemas ist es wichtig zu wissen, daß rund die Hälfte der Teilnehmer in irgendeiner Volksbewegung engagiert sind: in Bewegungen von Landarbeitern ohne eigenen Grund und Boden, in Gewerkschaften, in Stadtteilorganisationen, in Gesundheits- und Bildungsgruppen sowie in politischen Parteien, bei denen die von *Luís Inácio da Silva* (genannt *Lula*) geführte basisdemokratische PT (Partido dos Trabalhadores = Arbeiter) weit an der

Spitze liegt und ein gutes Stück die politischen Anliegen der Basisgemeinden vertritt.
Bei den in Form szenischer Darstellungen am Nachmittag vorgetragenen Zusammenfassungen der Arbeit in den «Plenarien» sagt eine Frau: «Die Kirche hat zwei Beine zum Gehen, das eine ist die Bibel und das andere das Leben, und zwar auch das Leben in Gesellschaft und Politik.» So treffend und so prägnant bringen einfache Menschen den Auftrag der Kirche auf einen Nenner! Von einer angeblichen Einebnung des Transzendenten auf die horizontale Linie oder von einem vermeintlichen Ausschließen etwa der Mittel- oder Oberschicht wissen sie nichts, und sowohl das eine wie das andere liegt ihnen fern. Ihre Probleme sind andere: Wie können wir in einer neuen Gesellschaft als Brüder und Schwestern untereinander und als Kinder Gottes friedlich zusammenleben und dem Vater im Himmel Dank für das Leben erweisen?
Das Ideal der Basisgemeinden und der sie tragenden und aus ihnen resultierenden Theologie der Befreiung ist weder Reichtum noch Armut, sondern Gerechtigkeit, und zwar sowohl erkämpfte als letztlich auch unverdient geschenkte Gerechtigkeit. Zum Abschluß der Sitzungen am zweiten Tag zitiert der Generalsekretär der CNBB, Dom Luciano Mendes de Ameida, ein geheimnisvolles Wort des am 24.7.1985 im Zusammenhang mit der Grund- und Bodenproblematik ermordeten Priesters Ezequiel Ramin: «Ich habe viel gebetet. Dabei ist mir klar geworden, daß ich das Herz der Gemeinde sein soll.» Und Bischof Luciano Mendes fährt fort: «Was immer der Satz dieses Priesters, dessen Todestag sich morgen jährt, sagen soll, ich wünsche mir, daß die Kirchlichen Basisgemeinden das Herz der neuen Gesellschaft werden.»

Der Streit um Grund und Boden

Der dritte Tag (24. Juli 1986) greift das Thema der diesjährigen «Kampagne der Brüderlichkeit»[4] auf: «Erde Gottes – Land für Brüder und Schwestern». Die Problematik ist gerade bei diesen kleinen Leuten, die zu einem guten Teil besitzlose Landarbeiter und Kleinbauern sind, von größter Dringlichkeit. Ein wenn auch äußerst zaghaftes Projekt zur Bodenreform, das die brasilianische Regierung initiiert hat, droht unter dem Druck und der – im wörtlichen Sinne – mörderischen Reaktion der Großgrundbesitzer (UDR: União Democrática Ruralista = Demokratische Landunion) zu scheitern. Deshalb ist die Parole «Reforma Agrária já! – Bodenreform sofort!», die in Trindade immer wieder zu hören ist, von lebensrettender Aktualität.

Im Mittelpunkt des Morgengebetes, das heute dem Gedenken der neuen lateinamerikanischen *Märtyrer* gewidmet ist, steht eine szenische Darstellung der Ermordung des italienischen Priesters *Ezequiel Ramin,* der heute vor einem Jahr bei Auseinandersetzungen um das Recht besitzloser Landarbeiter im Staat Rondônia erschossen wurde. Aber Ezequiel Ramin ist nur einer von Tausenden massakrierter Indianer, niedergemetzelter Neger, ermordeter Landarbeiter und Gewerkschaftler, hingestreckter Laien, Ordensfrauen, Priester und Bischöfe. Erinnert wird u. a. auch an den deutschen Pater *Rudolf Lunkenbein,* der zusammen mit dem Indianer *Simão Bororó* 1976 von Großgrundbesitzern erschossen wurde. Auf einem riesigen Plakat an einer Wand der Sporthalle steht: «Lateinamerika: Altar von Märtyrern – ihr Blut befruchtet unsere KBG».

Zu dem Begriff «Märtyrer»: Was in manchen europäischen Theologenkreisen diskutiert wird, ob man die im christlich motivierten Kampf für Gerechtigkeit und Menschenwürde ermordeten Männer und Frauen, Laien und Bischöfe, Ordensschwestern und Gewerkschaftler, Indianer und Intel-

lektuelle «Märtyrer» nennen könne, ist in den Basisgemeinden überhaupt keine Frage. Brüder und Schwestern haben aus dem Glauben ihr Leben gelassen; deshalb sind sie Märtyrer und Heilige. Allein bei den Auseinandersetzungen um Grund und Boden – und das ist ja das Thema heute – wurden in Brasilien 1980 zehn, 1981 fünfzehn, 1982 sechzehn, 1983 fünfundvierzig und 1984 an die hundert Menschen ermordet. Auf einem u.a. von kirchlichen Stellen herausgegebenen Plakat steht zu lesen: «Zwischen dem 15. März 1985 und Mai 1986 wurden folgende Menschen ermordet: Pfarrer Ezequiel Ramin, Schwester *Adelaide Molinari,* Schwester *Cleusa Coelho,* Pfarrer *Josimo Tavares,* Pastor *José Inácio da Silva,* 13 Führer von ländlichen Gewerkschaften, 184 Landarbeiter und 17 Indianer.»
Fast die Hälfte der Teilnehmer aus den Basisgruppen hat Gewalt bereits am eigenen Leib erfahren: 389 waren schon Opfer von Verfolgung, 11 haben bereits im Gefängnis gesessen, 18 hat man von ihrem Stück Land vertrieben, 13 haben entweder seitens der Polizei oder gedungener Schlägertruppen Gewalt zu spüren bekommen, 51 sind aus ihrem Betrieb entlassen worden, und auf 13 wurden bereits Attentate verübt. Wer wollte bezweifeln, daß in Brasilien ein wahrer Klassenkampf von oben im Gang ist?
In den vier «Plenarien» wird das Problem «Grund und Boden» unter vier Einzelaspekten diskutiert. 1. «Kampf um Grund und Boden: unsere Agrarreform», 2. «Projekte der Regierung», 3. «Grund und Boden in der Stadt und Wohnverhältnisse» und 4. «Das Land, das Gott uns verheißen hat». Wie immer sind die Fragestellungen ganz konkret. So lauten die Arbeitsauftäge in den «Plenarien» III. und IV.: Wie läßt sich der Kampf um Grund und Boden auf dem Land mit dem Einsatz in der Stadt verbinden? Welche Formen entdeckt das Volk, um sich das Recht auf Nießbrauch und auf menschenwürdiges Wohnen zu sichern? Was hältst du von dem Satz: «Wir wollen Land auf der Erde – im Him-

mel haben wir schon Land»? und: Was bedeuten die Märtyrer im Kampf um Grund und Boden für uns?
Seinen Abschluß findet das Treffen am Nachmittag dieses dritten Tages mit einer gemeinsamen Feier und Begegnung zwischen den Mitgliedern der Basisgemeinden und Tausenden von Teilnehmern an der «Romaria da Terra» (Wallfahrt des Landes, der Erde), die nach Trindade als dem Pilgerort zum «Ewigen Göttlichen Vater» und zur «Heiligsten Dreifaltigkeit» gekommen sind. Zunächst in der Sporthalle und dann in und vor der Wallfahrtskirche möchte die Feier mit ihren szenischen Darstellungen, Gesängen und Gebeten ein Vorgeschmack des verheißenen Landes im neuen Himmel und auf der neuen Erde sein.

Eine Theologie von Fleisch und Blut

1. Fragen wir nach Schwerpunkten, so besteht eine der zentralen Aussagen dieses Treffens (wie der sie tragenden Pastoral und Theologie) in dem Fingerzeig darauf, daß der Gott, an den Juden und Christen glauben, immer ein Gott ist, der sich auf «Menschen aus Fleisch und Blut» einläßt – wie die hebräische Bibel ihn uns schildert und wie Jesus ihn uns in seinen Gleichnissen und Wunderhandlungen offenbart. Wenn das Wort von der In-*karn*-ation überhaupt eine Berechtigung hat, dann stehen Theorie und Philosophie im Dienst von Erfahrung und gelebtem Leben. Wer dem Glauben dieser Menschen begegnet ist, muß sich des Verdachtes erwehren, eine gar zu hurtige Rede von Metaphysik verflüchtige nur die verändernde Kraft der Guten Nachricht von der *Fleisch*-werdung, die ja erst durch das *Blut* und den Tod in das neue Leben des Geistes Gottes führt. Das Leben ist der Ort, an dem die Bibel gelesen, und die Politik das Feld, auf dem Pastoral in die Tat umgesetzt werden will. Nur so hat unsere Hoffnung auf einen neuen Himmel und

eine neue Erde, auf ein All, das nach dem Schöpfungs- und Heilsplan Gottes endlich anders werden soll, einen Sinn.

2. Der Glaube an den ermordeten und zu neuem Leben erweckten Herrn – und zwar gerade auch in der Form der Identifikation mit dem Schmerzensmann – wird im Leben der Armen zu einer realen *Hoffnungskraft*. Im Glauben an seinen lebendigmachenden Geist (vgl. 1 Kor 15,45) antizipieren sie die Zukunft. Denn «wo der Geist des Herrn wirkt, da ist Freiheit» (2 Kor 3,17). So erfahren sie die geglaubte Hoffnung als Dynamik, die sie die Gegenwart ertragen und verändern läßt: «So wollen wir feiern voll Vertrauen und kämpfen kraft der Hoffnung des Herrn.»

3. Trindade war wie die vorherigen Begegnungen ein *interekklesiales* Treffen. Also weder ein Konzil noch eine universale oder diözesane Synode noch eine Bischofsversammlung, sondern schlicht eine Begegnung, zu der Teile einzelner Kirchen sich und ihre Bischöfe gegenseitig einladen. Kompetenz dazu gibt ihnen die Taufe. Das Sakrament der Taufe entläßt seine Söhne und Töchter in die je eigene geistgewirkte Kreativität. «Volk» und «Geist» – sagte einmal ein brasilianischer Bischof – seien die Synthese seiner Theologie, wenn er sie in zwei Begriffen zusammenfassen müsse.

4. Wichtig dabei ist, daß in den KBG wie auf diesem Treffen nicht das geringste Ressentiment gegen die Hierarchie zu spüren ist bzw. war. Der *Einklang mit der Hierarchie* ist unübersehbar. Bischöfe bekennen, in der Arbeit mit diesen Basisgruppen ihre *Bekehrung zu dem armen Jesus* (vgl. 2 Kor 8,9; Phil 2,6–8) erfahren zu haben. Deshalb regen sie an, immer neue Basisgemeinschaften zu gründen, zu begleiten und zu fördern. Es geht um eine neue, von der Kenosischristologie inspirierte Art und Weise, wie die ganze Kirche zu sein hat. Falls es Konflikte gibt, dann nicht zwischen Basis und Hierarchie, sondern zwischen Teilen der Kirche (Basis *und* Hierarchie!), die die Herausforderung von Armut und Entäußerung annehmen, und solchen Kreisen der

Kirche, die sich diesem Anruf aus welchen Gründen auch immer verschließen. Wenn das eingangs verlesene Papsttelegramm eigens die Bindung an die Bischöfe betont, dann kann das Miteinander zwischen Hierarchie und Basis in Brasilien wohl kaum sichtbarer manifestiert werden als durch die massive Teilnahme von Bischöfen an dem Basistreffen in Trindade. Casarolis Sorge muß andere Hintergründe haben als die Erfahrung der Kirche in Brasilien. Eines ist sicher: durch diese neue Form des Kircheseins entstehen – über die alten hierarchischen Strukturen hinaus – neue Integrationslinien im Organismus des Volkes Gottes, in der Kirche Christi.

5. Angesichts mancher Vorwürfe des Partikularismus spricht die Teilnahme von Vertretern aus 23 Ländern des Katholizismus und von Bischöfen des In- und Auslandes, einschließlich eines namhaften europäischen Kardinals, das Faktum des Papsttelegrammes wie auch die Anwesenheit von Delegierten aus der nichtkatholischen, christlichen Ökumene dafür, daß sich die Bewegung der KBG als Teil der *universalen* Kirche versteht. Sie will nichts anderes als neue Form der *einen,* alten Kirche Jesu Christi sein, will aus ihr leben und ihr mit ihrem Appell zur Umkehr dienen.

6. Daß die Basisgemeinden an ihrer überwältigenden Mehrzahl aus Mitgliedern der unteren, ja der untersten Volksschichten bestehen, signalisiert, daß die Kirche in Brasilien wie auch an vielen anderen Orten Lateinamerikas an ihrer Pastoral jetzt die sozialen Realitäten des Erdteils wahrnimmt. Gewiß: die Einladung zur Umkehr (vgl. Mt 19,21) ergeht an *alle!* Deshalb besteht ja auch allenthalben nach wie vor ein pastorales Angebot für die bürgerlichen Kreise der Kirche. In der vorrangigen Option der brasilianischen Kirche für die Armen etwas Ausschließliches oder gar ein Zurückweisen anderer Klassen sehen zu wollen, kann nur ein Mißverständnis sein, das die Arglosigkeit und die Gutmütigkeit der Armen verkennt.

7. Das Treffen in Trindade hatte deutlich den Charakter eines *Festes.* Im Lebensgefühl dieser Menschen bilden Schmerz und Freude, Tränen und Lachen, Kampf und Feier eine unzerstörbare Einheit. Dagegen trennen bürgerliche und intellektuelle Kreise leicht diese konstitutiven Realitäten des Lebens voneinander und spalten, was wesentlich zusammengehört. Das Gespür für Ganzheitlichkeit, Nähe und Unmittelbarkeit ist eines der besonderen Merkmale der Armen. Daß sie sozusagen nie den Eindruck der Verbitterung erwecken und selbst im Leiden noch feiern können, läßt sich wohl kaum nur psychologisch erklären. Der Gedanke ist nicht von der Hand zu weisen, daß der Glaube und die Hoffnung dieser Menschen sie in besonderer Weise für das Geschenk der Gnade disponibel machen. Gnade schafft begnadete Menschen.
8. Das vergegenwärtigende und rühmende Gedenken der *Märtyrer* geschieht aus vielfachem Anlaß: Einmal wissen die Menschen, daß die Toten, so tot sie auch sind, bei Gott leben und damit auch ihnen gegenwärtig sind. Zum anderen danken sie Gott dafür, daß ihr Blut den Boden Lateinamerikas mit Samenkörnern neuer Gemeinden befruchtet. Sodann sind sich die Männer und Frauen in den Basisgemeinden bewußt, daß auch sie dasselbe Schicksal ereilen kann und sie sich somit stets bereit halten müssen. Und viertens stärkt sie der Satz, den man in Lateinamerika häufig hört: «In meinem irdischen Leben ergänze ich das, was an den Leiden Christi noch fehlt» (Kol 1,24).
9. Das Thema *Terra* mit seiner vielfältigen Konnotation von Land, Erde sowie Grund und Boden wird in den Basisgemeinden nicht nur als Faktor der Produktion und noch viel weniger der Spekulation, sondern vor allem in seiner anthropologisch-biblischen Dimension angesprochen. Weithin leben diese Menschen noch aus dem archaisch-ganzheitlichen Verständnis, daß die Erde, daß der Boden, den man bearbeitet und auf dem man lebt, unveräußerlich, ja heilig

ist, weil er Leben ermöglicht. Der Boden ist ein Stück des Menschen selbst. Ein zweiter Aspekt kommt hinzu: Man ist davon überzeugt, daß der Grund und Boden, das Land und die Erde, auf der bzw. auf dem man lebt, der Ort und der Raum ist, auf dem der neue Himmel und die neue Erde als Geschenk Gottes entstehen werden. So sieht man in dem Stück Erde, das einen in Würde ernährt, eine bruchstückhafte Antizipation des verheißenden Landes.

10. Wer gesehen hat, wie etwa eine junge, schwarzhäutige Arbeiterin mit ihren Argumenten, mit ihren Gesten und mit ihrer Ausstrahlung eine Menge von 1700 Menschen führen kann, ist sich dessen sicher, daß die KBG Schulen oder vielleicht auch *Vorräume einer zukünftigen Befreiung* sind. Menschen, die wegen ihres Geschlechts, ihrer Rasse und ihrer Klasse über Jahrhunderte hin unterdrückt waren, sagen ihre Botschaft und werden als Gleichberechtigte gehört. Die Armen sind der Welt ein Vorbild brüderlich-schwesterlichen Zusammenlebens.

11. Die KBG sind eine zwingende, unumgängliche *Notwendigkeit.* Dazu ein Beispiel: Die Prälatur Tefé im äußersten Nordwesten Brasiliens verfügt (bei einer territorialen Größe etwa der Bundesrepublik Deutschland) neben einem brasilianischen Bischof (und einem emeritierten holländischen Bischof) über 14 Priester, die ausnahmslos Ausländer und im Durchschnitt 56 Jahre alt sind. Hinzu kommen 22 Ordensfrauen, die entweder aus Südbrasilien oder aus dem Ausland stammen. Eigene Priester sind in absehbarer Zukunft nicht zu erwarten, weil die Prälatur keinen einzigen Seminaristen hat. Wohl aber verfügt sie über dreihundert Leiter und Leiterinnen in den ländlichen Basisgemeinschaften. Auch Fakten können ein Medium der göttlichen Offenbarung sein.

(Der Autor war unter den zehn aus Europa in Trindade zugelassenen Beobachtern der einzige Vertreter des deutschen Sprachgebiets.)

Anmerkungen

[1] Vgl. die Berichte von Leonardo Boff über das vierte und fünfte Nationaltreffen (1981 in Itaici und 1983 in Canindé) in Orientierung 1981, S. 126–129, und 1983, S. 184–187. Im Beitrag von 1981 wird eingangs ein Überblick über die vorausgegangenen ersten drei Nationaltreffen in Vitória (1975 und 1976) und João Pessôa (1978) geboten. Charakteristisch für das diesjährige Treffen war ein Lied, das vor einigen Jahren im ausgedörrten Nordostbrasilien (im Landstädtchen Crateús) entstand und seither im ganzen weiten Brasilien unter den Gruppen bekannt wurde. Mit ihrem wiegenden Baiao-Samba-Rhythmus verband die Melodie alle zu einer singenden, feiernden und tanzenden Gemeinde. Vgl. die deutsche Erstveröffentlichung unter dem Titel «Samba der neuen Gemeinde des Herrn. Lied aus den Jugendgruppen brasilianischer Basisgemeinden», in: Horst Goldstein, Hrsg., Tage zwischen Tod und Auferstehung. Geistliches Tagebuch aus Lateinamerika. Düsseldorf (Patmos) 1984, S. 126f.

[2] In Vorbereitung auf *Trindade* wurden seitens der Exekutivkommission des Treffens wie auch von der Pastoralregion «Mittlerer Westen» (Goiás und Bundesdistrikt) und «Äußerster Westen» (Mato Grosso und Mato Grosso do Sul) verschiedene volkstümliche Broschüren herausgegeben. Dankenswerterweise hat die Bischöfliche Aktion Adveniat die erste dieser Schriften unter dem Titel «Kirchliche Basisgemeinschaft: Eine neue Art und Weise, Kirche zu sein» in deutscher Übersetzung zugänglich gemacht. Zu beziehen bei: Adveniat, Bernestraße 5, D-4300 Essen 1.

[3] In diesem Zusammenhang braucht nicht verschwiegen zu werden (was in Trindade von Verantwortlichen auch offen angesprochen wurde), daß auch bundesdeutsche Christen über die Bischöfliche Aktion Adveniat zumindest mittelbar zu dem Treffen beigetragen haben. So half Adveniat etwa über die regelmäßige Bezuschussung der Pastoralregionen bei den Reisekosten der Delegierten (zu diesem Nationaltreffen ebenso wie zu zahlreichen Regional-, Diözesan- und Pfarrbegegnungen von Basisgemeinden).

[4] *Kampagne der Brüderlichkeit:* 1963 von der Brasilianischen Bischofskonferenz gegründetes Werk, das alljährlich während der vorösterlichen Bußzeit in greifbarer Form ein Impuls der Erneuerung im Glauben wie auch ein Anruf zur Praxis engagierter, evangeliumsgemäßer Solidarität sein soll. Die Kampagne gewinnt ihren sichtbaren Ausdruck in «konkreten Gesten», zu denen u.a. eine Kollekte im Lauf der Fastenzeit gehört. Die Aktion steht jedes Jahr unter einem neuen Thema. 1968: Mit den Händen glauben; 1970: Christsein heißt mitmachen; 1975: Das Brot teilen; 1978: Arbeit und Gerechtigkeit für alle; 1983: Brüderlichkeit ja – Gewalt nein; 1984: Damit alle Leben haben; 1985: Brot für alle, die hungern. 1987 wird

das Thema lauten: «Wer einen Minderjährigen aufnimmt, nimmt mich auf.» Vgl. dazu: Paulo Evaristo Arns, Kardinal der Ausgebeuteten, hrsg. von Horst Goldstein, Walter-Verlag 1987.

(Abgedruckt in: Orientierung, Halbmonatsschrift für weltanschauliche Information, 50. Jg., 15/16 1986)

Ausgewählte Literatur

Amrein J.: Basisgemeinden in der Schweiz, Immensee 1982
Concilium 11 (1975) Heft 4: Basisgemeinden
Copray N., Meesmann H., Seiterich Th.: Die andere Kirche. Basisgemeinden in Europa, Wuppertal 1982
Frankemölle H. (Hrsg.): Kirche von unten. Alternative Gemeinden. Modelle – Erfahrungen – Reflexionen. München – Mainz 1981
Leers B.: Kirchliche Basisgemeinden. Ursprung und Entwicklung, Missionszentrale der Franziskaner, Bonn 1980
Mette N. (Hrsg.): Wie wir Gemeinde wurden. Lernerfahrungen und Erneuerungsprozesse in der Volkskirche, Düsseldorf 1982
Zulehner P. M.: Kirche, Anwalt des Menschen, Freiburg 1980
Arns Paulo Evaristo: Kardinal der Ausgebeuteten. Herausgegeben von Horst Goldstein, Olten 1987

Zu Basisgemeinden in Lateinamerika

Boff L.: Die Neuentdeckung der Kirche. Basisgemeinden in Lateinamerika, Mainz 1980
Boff L.: Kirche: Charisma und Macht. Studien zu einer streitbaren Ekklesiologie, Düsseldorf 1985
Hasenhüttl G.: Freiheit in Fesseln. Die Chance der Befreiungstheologie – ein Erfahrungsbericht, Olten 1985
Romero Oscar Arnulfo: Blutzeuge für das Volk Gottes. Vorwort von Norbert Greinacher, Olten 1986

Zu Basisgemeinden auf den Philippinen

Köster F., Zulehner P. M. (Hrsg.): Macht und Ohnmacht auf den Philippinen. Kirche der Befreiung als einende Kraft, Olten 1986

Zu Basisgemeinden in Afrika

Donders J. G.: Afrikanische Befreiungstheologie. Eine alte Kultur erwacht, Olten 1986

Kontaktadressen

Wer sich nach bestehenden Basisgruppen erkundigen will, wende sich an die folgenden Anlaufstellen:

Bundesrepublik Deutschland
Initiative Kirche von unten: Romero-Haus, Heerstraße 205, D-5300 Bonn 1. Tel. 0228/692165.
Pax Christi, Windmühlstraße 1, D-6000 Frankfurt 1. Tel. 069/233307

Österreich
Josef Mautner, Katholische Hochschulgemeinde, Studentenhaus Wiener Philharmonikergasse, A-5020 Salzburg. Tel. 0662/41327.

Schweiz
Angelika Boesch, Buchhandlung Voirol, Rathausgasse 74, CH-3011 Bern. Tel. 031/222088.

Freiheit in Fesseln

Die Chance der Befreiungstheologie

Ein Erfahrungsbericht von Gotthold Hasenhüttl

Dieses 1985 erschienene Buch (156 Seiten) schildert die kirchliche Situation speziell in Kolumbien, Ecuador, Peru, Bolivien, Chile, Argentinien und Brasilien. Der Autor verbrachte ein halbes Jahr in diesen Ländern, um sich in zahlreichen Gesprächen mit Bischöfen, Professoren, Pfarrern und Laien einen Gesamtüberblick zu verschaffen. Anhand von vielen Beispielen und Erlebnissen vermittelt er sehr konkrete und zum Teil schockierende Einblicke. Schwerpunkte der Information sind: die von Gewalt und Ungerechtigkeit geprägte soziale Situation; das Verhalten der Institution Kirche; die Basisgemeinden; die Theologie der Befreiung; die umstrittene Volksfrömmigkeit, die Sektentätigkeit und die Indiomission. 43 Prozent aller Katholiken befinden sich in Lateinamerika. Es gibt über 200 000 Basisgemeinden, die für aufgeschlossene Bischöfe die eigentlichen Zentren der Evangelisation bilden.

«Hasenhüttl gelang ein hervorragendes Buch zur Befreiungstheologie, das vor allem hilft, die Situation der Menschen und der Kirchen dort *nüchtern* und ohne falschen Enthusiasmus verstehen zu lernen. Sehr einfühlsam vermittelt er dabei für Europäer etwas von der eigenen Lebensform der Südamerikaner, vom dort herrschenden System gegenseitiger Ausbeutung durch Lüge und Diebstahl – Ausflüsse und Spiegelungen der nordamerikanischen und europäischen Kolonialpraxis bis in die Gegenwart. Da wird sichtbar: die Befreiung beginnt ganz unten und ganz klein.»

Publik-Forum 10/1985

Afrikanische Befreiungstheologie

Eine alte Kultur erwacht

Dargestellt von Joseph G. Donders

Die jahrtausendealte afrikanische Kultur birgt Werte in sich, die wir Abendländer erst langsam als auch für uns gültig wiederentdecken. Der Autor dieses Buches (219 Seiten) hat 14 Jahre in Afrika gelebt, ist ein hervorragender Kenner der kirchlichen Situation dort und schildert sehr konkret. Die sozialen Strukturen funktionierten vor der Kolonisation und Christianisierung. Seitdem brechen sie jedoch immer mehr zusammen. Auch die Souveränität der afrikanischen Staaten hat nur zu einer andersgearteten Herrschaft von wenigen geführt. Folglich verachtet der Afrikaner seine Politiker; ähnliches droht aber auch der kirchlichen Hierarchie. Es bilden sich immer mehr Basisgemeinden, die ihre Probleme gemeinsam zu lösen suchen. Sie sind im Gegensatz zu anderen Kontinenten unpolitisch, genauer gesagt: nachpolitisch. Aber gleich wie in der übrigen Dritten Welt sind sie Jesus-orientiert und stark von der Bibel geprägt.

«Was hat es mit der afrikanischen Befreiungstheologie auf sich? Die Unterschiede zum lateinamerikanischen Ansatz springen sofort ins Auge: Kommt die Mehrheit der Teilnehmer einer Konferenz beim Weltkirchenrat aus Lateinamerika, geht es um Gerechtigkeit; kommt sie aus Asien, geht es um Religiosität; kommt sie aus Afrika, geht es um Kultur. Hier liegt für die Afrikaner das Hauptproblem ihrer Befreiung: ‹Sobald unser kulturelles Erbe akzeptiert und verarbeitet worden ist, werden Gerechtigkeit und Menschenrechte nachfolgen.›»

(Buch des Monats März) *Publik-Forum 7/1986*

Macht und Ohnmacht auf den Philippinen

Kirche der Befreiung als einende Kraft

Herausgegeben von
Fritz Köster und Paul M. Zulehner

Selten ist die Ohnmacht der Mächtigen und die Macht der Ohnmächtigen so deutlich geworden wie in der «sanften Revolution» auf den Philippinen. Was konkret dahintersteckt, zeigt dieses Buch (180 Seiten). Schon die 500jährige Geschichte der Philippinen ist eine Geschichte anhaltender Ausbeutung. Jetzt aber hat sich eine Kirche des Volkes entwickelt, in der die Basisgemeinden die entscheidende Rolle spielen. Der philippinische Bischof Julio Labayen sagt hierzu: «Ich vermute, daß sich die christlichen Basisgemeinden als die mächtigste Kraft in der Kirche der Zukunft erweisen werden. Ich sage voraus, daß sie auf die gesamte Kirche ebenso stark einwirken werden wie die Mönchsorden vom fünften Jahrhundert bis zum Mittelalter.» Fritz Köster entwirft das Bild einer Kirche aus philippinischer Sicht, das unsere Auffassung von Kirche wesentlich bereichert. Paul M. Zulehner zieht einen Vergleich der philippinischen und der europäischen Kirche und zeigt die Parallelität der Probleme auf. Weitere Autoren ergänzen die Darstellung. Alle waren selber auf den Philippinen.

«Die stark wachsenden Basisgemeinden mit ihren neuen Formen von Gemeinschaft erweisen sich als wirksame und einende Kraft in der Kirche der Zukunft. Das Buch macht sich dafür stark, der schamlosen Fratze der Ungerechtigkeit in der Welt mutig entgegenzutreten.»

Publik-Forum 14/1986

Mahatma Gandhis Weg zur Freiheit

Eine indische Theologie der Befreiung

Von Ignatius Jesudasan

Man kennt Mahatma (Mann mit dem großen Atem) Gandhi als einen Menschen, der mit seiner ganzen Persönlichkeit gegen Rassismus und Kolonialismus gekämpft hat, zuerst in Südafrika, dann in Indien. Man weiß auch, daß er dies aus religiösen Motiven tat. Gänzlich unbekannt ist jedoch, daß er in seiner Lebenspraxis und Spiritualität bereits die Theologie der Befreiung vorausgenommen hat. Der Autor, indischer Gandhi-Spezialist und Jesuit, trägt, ohne herumkonstruieren zu müssen, die Bausteine zusammen, die eine indische «Befreiungstheologie» ausmachen.
Nachdem der Lebensweg Gandhis, verbunden mit seinem Denken, detailliert dargestellt ist, wird sein Begriff von Freiheit und Befreiung (Swaraj) erläutert und seine Theologie der Swaraj dargestellt. Diese schließt gewaltfreien Widerstand, zivilen Ungehorsam, Hungerstreiks usw., aber auch die Abschaffung der Unberührbarkeit und die Einheit von Hindus und Moslems ein. Weitere Themen sind Gandhis Gottesvorstellung, die Konfliktlösung durch den Weg des Kreuzes oder der leidenden Liebe, sein Christusverständnis und seine kritische Einstellung zum Christentum.
Ein aufschlußreiches, tief spirituelles Sachbuch, in dem Gandhi selbst in schönster Weise zu Wort kommt.

Walter-Verlag

Repräsentanten der Befreiungstheologie

Dom Hélder Câmara
Gott lebt in den Armen

Geleitwort von Roger Bourgeon
156 Seiten, englische Broschur, 1986

«Die Versuchung der Kirche zu Prestige und Macht ist stark, sehr stark. Die Kirche muß daher eine Kirche der Armen sein.»

Oscar Arnulfo Romero
Blutzeuge für das Volk Gottes

Vorwort von Norbert Greinacher
160 Seiten, englische Broschur, 1986

«Als Christ glaube ich nicht an einen Tod ohne Auferstehung. Wenn sie mich töten, werde ich im Volk von El Salvador wiedererstehen.»

Paulo Evaristo Arns
Kardinal der Ausgebeuteten

Herausgegeben von Horst Goldstein
217 Seiten, englische Broschur, 1987

«Das Volk darf nicht weiter paternalistisch behandelt werden, sondern muß selber die Geschichte in die Hand nehmen, es muß sich zusammentun.»